萧何

汉朝开国大管家

白玉京　著

辽宁人民出版社

© 白玉京　2022

图书在版编目（CIP）数据

萧何：汉朝开国大管家 / 白玉京著 . — 沈阳：辽
宁人民出版社，2022.3
ISBN 978-7-205-10378-1

Ⅰ . ①萧… Ⅱ . ①白… Ⅲ . ①萧何（？ - 前 193）—传
记 Ⅳ . ① K825.2

中国版本图书馆 CIP 数据核字（2021）第 265199 号

出版发行：辽宁人民出版社
　　　　　地址：沈阳市和平区十一纬路 25 号　邮编：110003
　　　　　电话：024-23284321（邮　购）　024-23284324（发行部）
　　　　　传真：024-23284191（发行部）　024-23284304（办公室）
　　　　　http ://www.lnpph.com.cn
印　　刷：北京长宁印刷有限公司天津分公司
幅面尺寸：145mm×210mm
印　　张：6.5
字　　数：110 千字
出版时间：2022 年 3 月第 1 版
印刷时间：2022 年 3 月第 1 次印刷
责任编辑：赵维宁
助理编辑：段　琼
封面设计：乐　翁
版式设计：一诺设计
责任校对：郑　佳
书　　号：ISBN 978-7-205-10378-1

定　　价：39.80 元

序 言

相国人夸佐沛公，收图运饷守关中。

不知用蜀为根本，此是兴王第一功。

——《萧何》宋·徐钧

汉朝是中国历史上一个非常重要的时期。

它是一个承上启下的朝代，还是一个影响了后世中国两千多年的封建王朝。

它取其精华，去其糟粕，很好地继承了前秦的政治优点。例如：行政划分沿用郡县制，官职沿用三公九卿制等，而且中国最早的领土也是在这一时期完成的。

当代中国的主体民族汉族、中国的官方语言文字和当下主体汉文化，都跟汉朝密不可分。

汉朝作为中国封建时代具有代表性的一段历史时期，给人们所留下的印象就是"强盛"二字。

历朝历代的执政者无不以汉唐盛世为自己的执政目标，而这其中当数汉朝最具有代表性。

从公元前 206 年至公元 220 年，汉朝总共历经了 29 位帝王，除去中间王莽篡汉的公元 8 年至公元 23 年和更始帝的公元 23 年至公元 25 年，汉朝国祚绵延 406 年。

西汉初年，中央政府为了抚慰百姓，迅速提升国民生产总值，实行了轻徭薄赋、休养生息等惠民政策，使得百废待兴的国家得以旧貌换新颜，农业生产、经济发展都有了显著提升，后世的人们将这一欣欣向荣的时期称作"文景之治"。

到了汉武帝统治时期，中央集权的特征更为明显，罢黜百家，独尊儒术，文治武功，开疆扩土。

这一时期，汉朝不仅挥师北上击匈奴，更开辟了贯通欧亚大陆的丝绸之路，使得当时的中国一跃成为世界的商贸中心，创造出了一个前所未有的辉煌盛世。

除此之外，汉朝还是一个令人热血沸腾、可歌可泣、风云际会、英雄辈出的黄金时代。

从秦末汉初的农民起义，到后来的楚汉战争、文景之治，再到北击匈奴，汉朝涌现了一大批诸如刘邦、樊哙、曹参、夏侯婴、韩信、英布、卫青、霍去病、李广等英雄人物。

当然，笔者这里所说的"英雄"可不仅仅指以上这些能带兵打仗、上场杀敌的武将，其中还包括了许多在君主身旁出谋划策，镇守后方的文臣和谋士。

这其中"汉初三杰"里"运筹帷幄，决胜千里"的张良与"镇国家，抚百姓，不绝粮道"的萧何最为突出，他们也同样为汉朝的建立立下了汗马功劳。

而提起萧何这个人物，恐怕大多数人的脑海中会本能地浮现出"成也萧何，败也萧何"这八个字，或是"萧何月下追韩信"这一段已被传为佳话的历史典故。

但其实，萧何一生中的事迹和为汉朝建立所做出的贡献远不仅于此。

就连刘邦自己都不得不承认，若是没有萧何，他根本没有机会坐上帝王的宝座，也无法统一九州建立新的政权。

从刘邦对其能力的肯定便可看出，萧何对刘邦，甚至说是对当时整个汉朝的建立所做出的贡献都是无人可比的。

从最初的站队刘邦，到进入咸阳城后的入宫抢典，再到保举、诛杀韩信，以及最后的自污以求自保，通过这几件事可以充分地看出萧何为刘邦，甚至是为整个汉朝奉献了自己的一生。

人物传记《萧何——汉初开国大管家》便是在尊重历史的基础上诞生的一部作品。

该作品希望能有别于沉闷无趣的历史讲义，将严肃的历史和刻板的人物用通俗易懂的方式展现给读者。

历史是沉闷的，但历史中的人物却是鲜活的。

笔者希望读者阅读此书时能够在轻松愉快的情绪推动下了解秦末汉初的那段历史；同时希望读者阅读此书后，对萧何这位汉朝开国功臣有个全新的认识和理解；也希望读者能透过萧何这个历史人物了解其背后所蕴藏的历史变化，从而对自己的人生有所启发。

目 录

第一章

秦王暴政天下乱

一、硝烟四起

在中国历史上曾经无数次上演合久必分、分久必合、朝代更迭的戏码。

中华文明也在这样不断被冲刷的同时，逐渐壮大，延绵至今。

在一场又一场权力争夺的游戏中，胜负往往出人意料，也难以估计。

如果将中国古代历史看作是一盘棋局沙盘推演的话，那么秦末汉初的这段则更为精彩斑斓。

公元前 221 年，秦王嬴政用了短短 10 年的时间率领秦国强悍的军队先后吞并了韩、赵、魏、楚、燕、齐六国，统一华夏腹地。

东周列国分治天下的时代彻底结束了，历史从此翻开了新的篇章。

如今看来，秦灭六国标志着华夏一统，从此车同轨、书同文，中央集权加强，是一件利国利民的千秋伟业。

但换到两千多年前的时代，嬴政的这一举措并没有彻底让天下民心所向、趋于太平，反而使得各地百姓与中央统治阶级的矛盾越发激烈，各地反秦事件频发。

这一状况让当时本来人口就少的秦国始料未及。

经过长年残酷的战争洗礼，秦虽统一了六国，但也导致国内消耗巨大，加之此时的秦国正面临着劳动力缺乏和老龄化严重等一系列问题，统治阶级根本无暇应对更多复杂的问题。

而更为不幸的是，这个时候，秦国的皇宫内又发生了一场争夺继承权的血腥游戏，让刚统一天下，但还未坐稳江山的秦国更加摇摇欲坠。

公元前210年，始皇帝嬴政出游途中病故于沙丘皮平台。

丞相李斯与赵高二人合谋全力支持嬴政的第十八子胡亥继位。

胡亥为了抢夺皇位，不惜残忍杀害自己的兄弟姐妹共计20余人，逼死了公子扶苏，从而毫无阻碍地登上了皇帝宝座，史称"秦二世"。

当时秦朝实行严刑酷法，民众稍有不慎便会遭受到严酷的刑罚。

在秦始皇还在世的时候，他为了抵抗漠北的匈奴等游牧民族，发派30万兵力及70多万囚犯在北方边境地区修建万里长城，同时在都城附近开始修建华丽非凡的阿房宫。

秦二世胡亥继位后，政府又向民间各地征调几十万的百姓，大规模修建阿房宫和秦始皇陵，完全不顾民间疾苦，只为自己一时的贪图享乐，因而导致民怨激增。

据现代历史学家们的推算，自秦灭六国之后全国的总人口数为1000多万人。而当时服兵役人数就超过200万人，占全国青年男子的三分之一。

为了完成巨大的国防工程和土木建设，政府又调用大量的劳动力完成浩大的工程，大大动摇了政府的统治基础。

修建秦始皇陵墓时，胡亥为了在陵墓中装饰出江河湖海，便命工匠们在陵墓中灌入水银，将秦始皇的棺椁放置在上面。

为了防止后世有人来盗墓，胡亥又命工匠在陵墓内装设了防盗设备，最后修建陵墓的工匠们也被他活埋在了墓中。

这样惨绝人寰的事件在当时发生过很多，底层受苦的百姓早就对秦的暴政不满，各地反抗事件频发，这给当时经济生产造成了严重的损失。其中规模最大的反抗事件当数公元前 209 年发生的陈胜吴广起义。

公元前 209 年秋，阳城（今河南省方城县一带）政府派遣两名地方军官征调 900 多名平民到渔阳（今北京密云一带）去守防。

临行前，军官从这 900 多人中又挑了两名精壮、反应机敏、办事能力强的汉子作为这批人里的屯长来管理这批平民。

这两名精壮的汉子一个名叫陈胜，是阳城的一名长工；一个名叫吴广，阳夏人，是个穷苦的农民。

七月，恰逢天降大雨，这 900 多人在途经蕲县大泽乡（今安徽省宿州市南蕲镇一带）遭遇道路不通，估计不能按时到达目的地。

按照当时秦朝的严刑峻法，不能按时到达目的地，这批人都要被砍头。

为了众人性命安危，情急之下，陈胜、吴广二人杀了军官，聚众叛乱，喊出了一句影响后世两千余年农民起义的豪言壮语："王侯将相宁有种乎！"

这是中国历史上第一次大规模农民起义，也是受苦受难的底层人民向压迫他们的暴政发出的一次心中的呐喊。

司马迁曾在《史记》中对这场农民起义给予高度评价，他写道："陈胜虽已死，其所置遣侯王将相竟亡秦，由涉首事也。高祖时为陈涉置守冢三十家砀，至今血食。"

这场起义风暴迅速席卷全国，各地郡县此时都已忍受不了秦朝官吏的暴政，百姓纷纷效仿陈胜、吴广，开始举起反秦大旗。

一时间，朝廷政权失控，阶级矛盾频发，族群撕裂，九州遍地狼烟滚滚，处在楚齐交界之地的沛县（今江苏省徐州市西北部）自然也不例外。

而我们所要讲的故事及主人公萧何的出场地也都将从这小小的沛县开始。

二、楚国人萧何

有很多人可能还不知道沛县是什么地方，其实它就位于今天的江苏省徐州市沛县境内。

今天的徐州市沛县可是一座非常美丽的县城，有"滨湖之城""绿色之都"等称号，东与北方最大的淡水湖微山湖仅有不到 5 公里的路程，是整个江苏省乃至华东地区的煤炭主产地，是国家首批的文明县城、工业百强县等。

但是在两千多年前的秦朝时期，这里还只不过是整个秦帝国的边角地带，是个不起眼的小地方。

但它地方虽小，却是个人杰地灵、人才辈出的宝地，出过不少能人异士。

而最出名的两位当数被称作"汉初三杰"之一的萧何以及开创了西汉两百余年历史的汉高祖刘邦。

在史书中并没有写明萧何的出生年月，但现在有一部分史学家经过各种史料推算出萧何生于公元前 257 年的楚国沛县丰邑。

那一年秦始皇嬴政才刚满两岁，还在赵国的都城邯郸跟着他爹嬴异人也就是后来的秦庄襄王一起做人质，并没有回到秦国登基，更没有君临天下。

所以说，萧何是出生在楚地的楚国人，没有任何不妥。

萧何的祖先不是什么王公贵胄，也不是士大夫阶层，只是普普通通的平民，因此萧何并不像其他历史名人那样是有着神话般的出生过程，或是无忧无虑的童年时光。

虽是如此，但萧何并不甘愿做一个平凡人。

他自小志存高远，敏而好学，好读书，对政治有着浓厚的兴趣，对治国之术研究颇深，最大的梦想就是做一个将百姓对美好生活的向往当作自己毕生奋斗事业的好官。

在那个由暴秦统治的时期，官僚主义非常严重，严刑酷法使百姓苦不堪言，因此萧何的这一志向是非常艰巨而伟大的。

为了这一伟大梦想，年轻的萧何结交了不少志同道合的朋友，积攒了不少人脉，最终达成了第一阶段的小目标，和当时所有读书人一样踏上了仕途，在沛县县衙内部争取到了一个职位。

那个年代，官府还并没有像后世的隋唐那样对民间人才开设科举制度的选拔渠道，因此当时任何人若想做官，都要通过有权有势的人层层推荐才行。

因此能在县衙任职，对于平民出身的萧何来说已经要付出很大的努力了。

他为此所付出的努力可一点儿也不亚于现今官场小说中的励志男主。

时光荏苒，光阴似箭。

当九州大地各处开始摇旗呐喊，反抗秦朝暴政统治的时候，萧何恰好是沛县县城里的一名主史掾。

秦朝时衙门里的官员称作"史掾"，而辅助县令办案的人员就称作"主史掾"。

这个官职照今天来看，相当于某个县城的公安局局长，直接掌管着县城内的治安问题，但也有人认为，这个官职应该类似于今天某县的县长秘书。

不管怎样，萧何的这个官职放到现在那可是有正式编制的，各种福利，一样不少，而且还有带薪假期和岗位津贴。

可以想象，当时萧何在沛县县衙内那一定是深受上级领导喜爱，被大力培养的骨干分子之一。

萧何在担任主史掾时是县令的好帮手。

凭借他一向随和的脾气，在县衙上下也有着人见人爱、花见花开的好人缘。

进入官府部门工作后的萧何更是广结善缘，交友广泛，平时的应酬自然也少不了，渐渐整个沛县中三教九流、黑白两道、有头有脸的人物和他都能搭上一点儿关系。

而这其中，他跟后来的汉朝开国皇帝刘邦，丞相曹参、樊哙等这些对中国历史有着重要影响的人物关系最是要好，算是好哥们儿的那种。

有一次，朝廷派下来的钦差到泗水郡检查当地官员们的工作情况，萧何作为地方领导的代表负责跟随并陪同钦差工作。

他尽心尽力把钦差交代的每一件事都办得妥妥当当、明明白白，叫人挑不出一点儿毛病。

萧何带着上级领导参观了沛县的几个即将动工的大项目及一些吸引游客观光旅游的旅游景点，并向秦国的钦差大臣汇报了沛县未来几年内招商引资的项目计划。

秦朝的钦差大臣对萧何说的这些公务型的条条框框的汇报一点儿也不感兴趣，睁着比老鼠眼大不了多少的小眼睛，带着某种"我不说，你也应该懂"的深意的笑容，看着萧何道："小萧呀，你的工作能力和工作态度，我是看到了，非常尽心尽力，但是除了公务之外也得有休闲娱乐的时候嘛，你说对不对？"

萧何是何等智慧机敏之人，瞬间就明白了钦差大臣的意思，当天晚上就安排了类似如今的桑拿按摩 K 歌泡吧等一系列娱乐活动，使这位钦差大臣心满意足地频频对萧何点头，对他的表现很是赞赏。

"年轻人不错，未来可期呀！"转天就提拔萧何做了泗水郡当地的卒史。

在所有官吏的绩效考核中萧何毫无悬念地拿到了第一名。

在视察工作完毕时，钦差很想把萧何征调入朝廷为官，担当大任，于是将此想法在送别宴上说了出来。

这样业务能力出众的员工即便放在今天，也是各个领域争抢的优秀员工。

钦差大臣能这么做，说明是在向萧何抛橄榄枝。

这是一个很诱人的机会，是任何想往上爬的地方小官吏都梦寐以求的机会。

像萧何这样凭着自己能力干工作的小官员自然应该牢牢抓住这种机会。

但是萧何却出人意料地拒绝了。

萧何的理由是："沛县是我的故乡，这里有我最熟悉的亲朋好友，我非常热爱这片土地，我愿意将自己的一生奉献给这片土地，为家乡为父老乡亲服务奋斗一生。"

紧接着，他又临场发挥赋诗一首，抒发了自己对故乡的强烈的热爱，把钦差大臣都感动得眼眶中闪着亮晶晶的液体。

但其实根本不是这么回事。

他对故乡的热爱之情不假，不想跟着钦差大臣到首都做中央官员却是另有原因。

为官这些年，敏锐的萧何已经看出了秦朝内部种种复杂问题，暴秦对老百姓的伤害使他对这样的政权已经没有任何期待，因此不愿与其为伍，但又不好当面直言回绝不给上级领导面子，所以用这种法子谢绝。

好在这位钦差大臣也不是个强人所难的人，因此萧何最终没有被调走，继续留在了老家沛县蓄势待发，等待一个真正属于他施展才华的机会的到来。

第二章

人杰萧何识英才

一、布衣皇帝刘邦

既然提到了大汉的开国丞相萧何，就不能不提另一个伟大而重要的人物——刘邦。

毕竟这两个人物在前期是亦师亦友、相辅相成的关系。

就在萧何因出色的能力被上级领导赏识的时候，我们本书的男二号，大汉的开国皇帝刘邦还只是一个沛县小小的泗水亭长。

这个职位类似于今天县级派出所的所长。

从《史记》中对当时刘邦的描写来看，他做的这份工作应该不算是正式编制，顶多算是县衙外聘协警，或临时聘用人员，薪资待遇也都不高，勉勉强强能度日而已。

刘邦平时为人处世流里流气，跟我们想象中的帝王形象相差甚远。

有很多史学家都认为刘邦名字里的这个"邦"字，是刘邦后期得了势之后自己改的，而在这之前，他的名字一直都是叫作"刘季"，是根据伯、仲、叔、季的顺序排列，意思就是家里兄弟中最小的那一位。

刘邦出生很平凡，这点我们毋庸置疑，很多历史学者也一直肯定这种观念，而且百分之百地肯定。

他出生于一个普普通通的平民家庭，从小就不务正业，游手好闲，经常在外面混帮派，替人出头，打架闹事。

但是，正是由于这种生长环境才造就了他八面玲珑、到哪儿都能吃得开的性格。

他人生的最大乐趣就是呼朋唤友聚在一起喝酒吃肉，跟长得漂亮的大姑娘、小媳妇抛个媚眼，整天虚度光阴，一直到30多岁，也没个正经的赚钱营生，更没有家室。

这一点司马迁在《史记》中写道："仁而爱人，喜施，意豁如也。常有大度，不事家人生产作业，好酒及色。常从王媪、武负贳酒，岁竟，此两家常折券弃责。"

寥寥几句便把一个游走于市井，虽有些痞气却很讲义气、很有人缘的刘邦形象勾画得惟妙惟肖。

而萧何本人又是个极其有政治远见卓识的人，当时在大多数人都瞧不上刘邦这个游走于黑白两道的老地痞时，他却独具慧眼，一眼看出平日里流里流气，浑身上下透着一股痞气的刘邦日后必定能成大事，所以平日里经常利用职务之便袒护刘邦。

二、起义这件事儿

公元前209年，陈胜吴广起义声势浩大，一时间点燃了受苦受难的百姓奋勇反抗暴政的信心，各地大大小小的起义声势在九州大地遍地开花，随之掀起了一股更高涨的反秦浪潮。

萧何与曹参等人对秦朝的暴政自然也是深恶痛绝，早已跃跃欲试。

萧何的毕生志愿可是救苦难的百姓于水火。陈胜吴广起义使他意识到这是个机会，自己应该做点什么来改变这万恶的旧世界，重建一个美好的新社会。

萧何为此还暗地里组织起一支类似于"同盟会"的小队伍，里面成员有曹参、刘邦、樊哙等后来建立大汉朝的英才，并且多次组织地下会议，商讨如何应对当下的严峻局势。

有几次，几人正在秘密开会，不知谁走漏了消息，暴露了地下开会的地点，差点儿就被秦朝安插在沛县的探子抓获。

幸亏有萧何这个绝顶聪明且足智多谋的人来领导众人，才能一次次化险为夷。

而另一头，沛县县令在这个阶段的日子可不好过了，茶不思，饭不想，夜不能寐，随时都怕被人暗杀。

周边的郡县，官府已经一个个崩溃，百姓纷纷公然杀官造反，向朝廷挑衅。

作为秦国封的地方官员，在这种风口浪尖，他的性命自然便成了最大的隐患。

在巨大的心理压力下，县令终于绷不住了。

他叫来了萧何与曹参两人进行讨论。

也许有人会有疑问，为什么会有曹参？他难道也是县令的心腹吗？

没错，曹参这个时候不但和萧何一样都是县令的心腹，以后还是大汉朝继萧何之后的另一位丞相，也就是执行"萧规曹随"

的那位曹丞相。

眼下这个阶段，曹参已经是萧何的同事了。

他做着管理监狱的小吏，类似今天的监狱长一职。

他与萧何一样，都是县衙里的正式员工，都算是外聘人员刘邦的上级领导。

作为左膀右臂，萧何、曹参一直很受县令的信任，三人私下的关系自是不必多说。

这天傍晚，萧何便与曹参二人行色匆匆地赶到了县令的家中与县令会面。

其实，在县令派人找他俩的时候，萧何就猜到县令的意图了，所以在来的路上，他与曹参二人已经商议好了，无论如何要尽一切努力劝说县令弃暗投明，响应号召，举起反秦的大旗。

曹参问萧何道："你觉得县令会听我们的吗？"

面对这等大事，他心底实在没有底，毕竟县令是由朝廷直接派下来的地方官，和他们这些从底层百姓中一点点爬上来的小吏不同，未必会与他们站在同一个阵营，所以他只能问萧何，毕竟萧何是他们几人中的绝对大哥。

这不仅仅是因为萧何的年纪比他们都大，更多的是因为萧何那超出常人的智慧以及临危不乱的稳重。

萧何不自觉地用手指摸了摸自己唇上那两撇修剪得十分整齐的小胡子。

这是他的习惯性动作。

每当他高兴，或者是思考、沉思问题的时候，总会有意无意地就去摸自己的胡子。

他笑着对曹参道："良禽择木而栖，良臣择主而事。县令是个聪明人，该怎么选择他自己很清楚的。"

作为一个县城的县令，在老百姓的心目中不但有威严，而且手上必然掌握着这个县城的兵力，如果沛县县令能带头反抗秦王朝，拉起一支队伍，那必定会得到大部分人的支持。

果然，正如萧何所料，县令的脑袋瓜儿不算笨，经过萧何与曹参二人的一番讲解分析，权衡利弊之后的县令便被二人一搭一唱的高谈阔论说动，愿意在沛县组织一支武装队伍，加入到反秦的浪潮中去。

但偏偏在此时，泗水亭长刘季，也就是刘邦却不在沛县。

如果说把萧何比作是一个人的大脑的话，那么刘邦就是这个人的手足。

大脑负责思考，而手足则负责行动，只有两者相互配合，才能完成最终的目的。

所以若有刘邦的加入，必定能招来不少县城的精壮男子加入队伍。

可眼下刘邦正奉命押送着一批犯人去骊山服劳役。

萧何对县令说道："这个不难，刘季刚离开沛县没几日，应该没走多远，我现在就修书一封，叫人赶去送给他，让他回来。"

说罢，萧何便当场拿起桌台上的笔，摊开信笺写了起来。

县令见事已如此，那也只能随波逐流了。

待萧何将信写完，县令又派人找来了平日与刘邦关系要好的樊哙。

为什么县令在这个时候要找樊哙？

因为樊哙是刘邦的跟班小弟。

除此之外，县令找樊哙来并将这样一件重要任务交由他来完成也是有另外一层原因的。

因为刘邦一离开沛县，县令就立刻派了人晓行夜宿地尾随了。

这段时间，不断接到盯梢人的消息说刘邦在半途中放走了囚犯，并且与沛县中的樊哙始终保持着联系，樊哙每回出城都会与刘邦悄悄见面。

由此，县令断定这个时候让樊哙把信交给刘邦是最稳妥不过的了。

这樊哙出生于卑微平民家庭，早年穷苦时曾以屠狗卖狗肉为生，后来跟随萧何、刘邦、曹参等人一起反秦，直至最后做了左丞相、大将军，成了西汉的开国元勋。

在著名的"鸿门宴"中，他曾冒险营救过刘邦一命，而且后来他还成了刘邦的连襟，娶了吕后的妹妹为妻。

可以说，刘邦与樊哙的关系在早期那真叫"生死弟兄"。

不过这些都是后话，这里暂且不表。

此刻，在沛县县衙内，县令在百般焦急中终于等来了樊哙。

他二话不说，立刻将萧何刚写好的信交给了他，并嘱咐道："你带着这封信赶紧骑最快的马出城找刘季，千万不得将此信丢失，务必将它亲手交于刘季手中。"

向来耿直憨厚的樊哙想都没想就答应了。

当看到县令手中递过来的信笺时，他毫不犹豫地就接了过来，之后又马不停蹄地转身就出城去见刘邦。

这一切看似都是在按照萧何与曹参二人计划一步步发展的。但他二人谁都没有想到，樊哙这一去即将引来滔天大祸，令整个沛县的局势瞬间变天。

而萧何自身的安全也受到了极大的威胁。

三、逼上"梁山"

刘邦押送一批犯人到离家千里之外的骊山去服劳役，这一路上，不知骂了县令多少回，诅咒了多少遍。

人到中年，好不容易讨了个如花似玉的姑娘做老婆，新婚之后，本应该在家里你侬我侬地多缠绵些日子，可偏偏赶在这个时候，那不长眼的县令非要让他带领这群囚犯到千里之外的骊山去服役，这不是有意针对他又是什么？

当时，沛县里有一位远近闻名姓"吕"的大人物，史书上将其称为"吕公"。

这个吕公昔年为了躲避仇家而被迫举家搬到了沛县，却意外地与沛县的县令成了好朋友。

有一日，县令大摆宴席，邀请这位吕公以及县里有头有脸的人物赴宴，而宴席的承办人是萧何，负责主持宴会及掌管收礼事宜等。

在今天看来，这显然是县令借机收取贿赂的好时机。

收到邀请函的人自然都知道该如何表现。

由于当天到场宾客人数很多，为了避免有无赖小混混滥竽充数、混吃混喝，萧何便规定送礼价值在一千文以下的不能入厅堂吃席，只能在厅堂外露天拼桌吃席。

而当日的刘邦，身上明明连一文钱都没有，却脸不红、心不跳地往宴会大厅门口一站，张口便大声向庭内庭外众人谎称自己带了价值一万钱的礼物前来赴宴，可在整个沛县县城里，谁不认识他这个整天坑蒙拐骗、不干正事的市井老痞子？

因此当听到他带了价值一万钱的礼物时，众人不约而同地哄堂大笑起来。

厅堂内吕公与县令听了此话都感到十分好奇，于是便从厅堂内走了出来看个究竟。

经过一番仔细盘问，了解了事情的原委后，县令自然很生气，认为刘邦是在闹事，于是便要叫人来赶走刘邦，但一旁的吕公却不知怎的对刘邦十分欣赏，向县令耳语了几句好话，便毫无避讳地拉着刘邦的手十分热情地进了厅堂用餐。

当时刘邦的一系列精彩表演自然都被萧何看在了眼里。

他认为刘邦不同寻常，是个有胆识、有智慧的人，日后必成大器。

他站在一旁，摸着自己唇上的那两撇小胡子，静静地看着刘邦一个人在县令和吕公面前表演，心里觉得既好笑又有趣，于是心中暗想："此人行为举止都与常人不同，虽油头滑脑，却十分机敏，日后若有机会必定能成就大业。"

而刘邦当时也注意到了萧何。

只见对方仪表堂堂，气度不凡，与周围那些有钱有势自认为很了不起的达官贵人形成了鲜明的对比。

"此人气度如此与众不同，那些有权有势的人和他一比，瞬间就成了土包子，若能与他结交成为朋友，一定很不错。"

二人仅仅一面之缘，便惺惺相惜。

于是，在宴席过后的几日内，刘邦连续接到了两则好消息。

这第一则消息是沛县县令聘请他去县衙里担任"泗水亭长"一职。

那时候，沛县有一条河名为"泗水"。

泗水河的河水从县城以北流淌而过，沛县的"沛"字因此而得名，意思就是指河水湍急。

沛县成立后，按照十里设一"亭"的制度就把沛县这里设为了"泗水亭"。

对于游手好闲多年的刘邦来说，得到这份差事可算让他扬眉吐气了一把。

事后刘邦才得知，自己能当上这"泗水亭长"全都是靠着萧何的推荐以及从中斡旋，县令才终于点头同意了。

也许是上天的安排，因为这事，两人从此越走越近，果然成为莫逆之交，并最终打拼下不朽的功业。

第二则好消息便是那日宴席上对刘邦态度十分友好的吕公居然要将自己的女儿嫁给刘邦为妻。

一个人到中年的贫民能娶到年轻貌美的富家千金小姐，自然也是一件天上掉馅饼的好事。

自从那日见过刘邦之后，这位吕公便像是着魔一般地看上了刘邦，非说刘邦相貌非凡，乃非池中之物。回去后，不顾妻子和家人的反对硬要将自己那位年近20岁，但依旧待字闺中的大女儿吕雉嫁给刘邦，就算正妻做不成，做个偏房的妾室也行。

在古代，女子十五六岁正是嫁人为妻的年龄，而年近20岁还没有出嫁，放在当时可就是妥妥的"剩女"了。

吕雉四肢健全，长得也算周正，却因心气儿太高，所以才会一直拖到20岁还没出嫁。

条件如此好的她嫁给大自己15岁的刘邦，是正儿八经的下嫁了。

说起来，吕公的这位女儿吕雉在历史上也是位很了不起的人物。

她就是被后世与唐朝武则天并称作"吕武"的吕后，是汉惠帝的亲妈，中国古代封建王朝中第一位临朝称制的女性。

在刘邦即位后，吕后直接参与过诛杀韩信、彭越等大臣的计划，后又施行黄老之术与"休养生息"的政策，支持汉惠帝废除挟书律，积极鼓励民间藏书、献书，恢复旧典，实行"无为而治"，为后来的"文景之治"打下了牢固基础。

不过这些都是后话，这里放下暂且不论。

当时吕雉出嫁刘邦还有一个很大的难题摆在她面前：刘邦那个时候虽然还没有结婚，却已经有了一个私生的儿子名叫刘肥。

一听这名字就知道，这孩子从小就又胖又圆，肥得跟个球似的。

据记载，刘邦在与吕雉结婚前，曾长期与一名叫作"曹姬"的女人保持着不正当男女关系，两人经常幽会，最终生下了刘肥。

吕雉对这个刘肥可以说是视如己出，这一举措即便放到现今，也是一件非常不容易的事了。

也就是从这次宴席开始，刘邦正式与自己的贵人萧何相识，从此进入了人生上升期的快车道，直至最后的巅峰。

只是，此时此刻的刘邦怎么也想不到，自己日后会与萧何这位提拔过自己的顶头上司结下不解的情缘，一同开创影响后世深远的大汉王朝。

回过头来，咱们再说说眼下刘邦押送囚犯去骊山这一段。

这押送囚犯的活可真是个苦差事，稍有不慎便是砍头的大罪。

所以这一路，刘邦不停地在心中求老天能让自己顺利地完成这苦差后赶紧回家。

但老天偏偏不遂他的愿。

就在押送犯人的路途中，有不少犯人趁机逃跑了。

这些囚犯想得很明白，自己老老实实到达目的地是死，逃跑中途被抓回来也是死，但万一侥幸逃跑没被抓住那不就活了吗？所以左右一衡量还是跑了好。

这却给刘邦造成了严重隐患。

他很清楚，这种事情一旦暴露，回去就是一个"死"字。

苦思冥想也想不出一个解决方案的他，最后只好破罐子破摔，对着其余的犯人们说道："你们干脆都跑了吧！反正到了目的地大家都是一死，还不如现在能跑多远就跑多远。"

众犯人听了他这句话，都十分高兴，随之大部分犯人便作鸟兽散，纷纷而去，只有少部分犯人怎么也不愿意走。

刘邦很奇怪，于是便问："你们为什么不走啊？再不走官兵就要来抓人了，快走吧！……"

剩下这些不愿走的犯人却告诉他说："刘大哥，你是一条重情重义的汉子，这一路来不曾打骂亏待我们，今日如果我们就这么一走了之，就太对不起你了……"

刘邦急道："你们疯了？不久官兵将会赶来抓人，如果你们再不跑那必死无疑。"

谁知这些犯人却在这时不约而同地相继跪倒在地，对着刘邦道："如今秦王暴政天下乱，九州四海遍地受苦受难的兄弟姐妹都已相继组成队伍开始反秦。刘大哥你有英雄气概，义薄云天，不如就带领着我们一起干一番大事业吧！"

刘邦迟疑了："这……"

他心里很清楚，反抗秦朝政府，那是需要不怕死的革命精神，如果成功了还好，如果失败了，那就什么都完了。

他一个大字不识几个的市井匹夫能干得了这样的大事吗？能扛得起这份责任吗？

但是放走了这些囚犯，他自己也一样要被砍头。

刘邦想起家中的老母亲，想起那年轻貌美的娇妻，万一失败了，她们怎么办？她们一定会因为自己而受牵连。

兜里是临行前亲朋好友给他凑的路费。

当时每个人都给了300文，但他的顶头上司萧何却给了500文。

这不仅仅是因为萧何看重他，更多的是把他当作自己的好朋友。

这样的恩情让刘邦记一辈子。

"刘大哥，别再犹豫了！"身边众人用期待的眼神看着刘邦。

刘邦望着西边火烧的云彩和即将落山的夕阳，于是把心一横，默默地在心中对自己说着："好吧，反正横竖都是死，不如就撸起袖子大干它一场！"

于是，从这天起，刘邦就成了这一批人的带头大哥，组建起了一支虽不专业，却也算对自己忠心的小队伍。

为了躲避官兵的追捕，刘邦带领着一行人躲进芒砀山。

这看似逼迫无奈的选择却彻底改变了刘邦的命运，使他从此踏上了一条与之前截然不同的道路。

四、县令反悔了

其实，沛县县令一直瞧不上平民出生的刘邦，要不是看在萧何与吕公的面子上，他怎会让刘邦这样一个市井痞子做亭长？

而且，在刘邦担任泗水亭长一职的这几年里，县令没少挑刘邦的刺。

说起来也是这刘邦幸运，每次在他受县令刁难时，总有萧何及时出面袒护，不然以刘邦这种市井地痞的行事风格，早就被科班出身、有正式编制的县令罢职下大狱。

从这次萧何、曹参二人劝县令带领沛县全县百姓一起加入反秦浪潮这件事中，县令就已看出，萧何、刘邦、曹参、樊哙这些人从始至终都是一伙人，估计他们早就对当今朝廷不满，跃跃欲试了好久，只是一直没找到机会罢了。

先有陈胜、吴广已经带头反秦，建立了一个叫作"张楚"的政权，使得九州境内掀起了一股反秦的浪潮，这正好也给萧何他们这帮人找到了一个造反最佳的借口。

县令越想越觉得背脊发凉。

尤其是在想到自己平日里与刘邦的关系相处得那么差他就害怕。

"这小子现在身边已经有一批跟随者了，而且之前在县城里就是地痞无赖，能说会道，八面玲珑，十分有煽动力，这要是让他真回到了沛县里，那我这县太爷还能有好日子过？"

一想到这一层，县令就觉得自己被萧何、曹参这两人忽悠得太惨了。

他绝对不能让刘邦回到沛县。

而且造反这种事可不是闹着玩的，万一失败了那就绝对死定了。

这天下说到底还是秦朝皇帝的，而且他自己作为秦国的官员，在这种时候更应该严厉打击这种反动势头，千万不能一时糊涂站错了队。

"对，绝不能让刘季那小子骑在我的头上拉屎撒尿！"

县令想通了这一点后便立刻拍案而起，命人将刘邦的妻儿老小关押进大牢。

他给出的罪名是刘邦谋反，所以株连家人。

于是，刘邦的老婆吕雉便在茫然无知的情况下与家人一起被关进了大牢。

吕雉进了大牢后才得知自己这一家老小是为何被关起来的。

她在不断抱怨刘邦的同时也在叹息着自己命苦。

当时监狱里的狱卒大多不是什么善类，他们见吕雉细皮嫩肉，面容姣好，就起了色心，开始对其动手动脚。

幸好这时刘邦的另一位名叫任敖的好友及时赶到，看到此情景顿时勃然大怒。

任敖此人平日里是个重情重义之人，与刘邦感情不错，两人称兄道弟，如今看到自己兄弟媳妇儿被欺负怎能忍受得了？

他二话不说，立刻将看管吕雉的小吏出手打伤。

对于这一段，在《史记》中有记载：

"吏系吕后，遇之不谨。任敖素善高祖，怒，击伤主吕后吏。"

但对方人多势众，任敖双拳难敌四手，很快就被对方包围在中间殴打了一顿。

好在紧要关头，身为典狱长的曹参及时赶到，才总算平息了这场风波。

因为这件事，吕后牢牢记住了任敖这个人，记住了他在自己危难时刻挺身而出的救命之恩。

后来一直到了公元前 195 年，也就是汉高祖刘邦驾崩的这一年，吕后被新继位的汉惠帝尊为太后，彻底掌控了整个西汉帝国的政权和军权，所有重要职位的任命都要由吕后点了头才行。

这个时候，吕后突然想起了十六七年前那个曾经在危难时刻救过自己的狱吏。

于是，吕后以太后的身份亲自任命任敖为御史大夫。

任敖一生兢兢业业，忠心不贰，但他的能力却非常一般，吕后为了报恩，封他为御史大夫，也算是他人生达到了顶峰。

而眼下，典狱长曹参这边刚处理完任敖和其他狱吏为了吕雉滋事的问题，另一边的县令却又有了新动作。

几乎就在这同一时刻，沛县县令做出了更加疯狂的进一步举动。

他将全县的青壮年男子全部征调，并将他们派到城楼上去守城，为的就是不让刘邦回到沛县县城里。

这是明面上的动作，暗地里他又派人将萧何、曹参等人诱骗，欲杀之而后快。

但令他万万没有想到的是，自己这个朝廷亲封的县令此时俨然已经成了一个"光杆司令"，手下几乎没有几个是真正服从他指令的人，绝大部分都站在了萧何、曹参的一边。

这边他刚派出人去捉拿击杀萧何、曹参二人，另一边就有人偷偷给萧何、曹参通了风，报了信。

萧何一听说县令要杀自己与曹参二人，一时间竟着实有些不敢相信。

"这怎么可能？"

凭他多年来对县令的了解，对方应该不至于会下此狠手才对。

"千真万确，大人。"来通风报信的这人说道，"县令不仅要杀你和曹参曹大人，还将县城里所有的青壮年全部征调到城门楼上把守，只要一看到刘季的人影出现，便让立刻放箭射杀！"

还没等萧何再次开口说话，县令派的杀手就已经到了。

只见来的总共有七八人，而带头的则是一名铁塔般的黑脸汉子。

这七八个人每人手里都握着一把寒气逼人的大刀，一进院子就疯狂地挥舞着，瞬间便砍杀了十余名萧何的家丁。

文官出身的萧何哪里见过这种场面，瞬间就愣在当场，不知所措。

一时间，场面混乱不堪，血光闪动，喊杀、哭叫声不绝于耳。

这帮杀手出手狠辣，武力超群，萧何家中的护卫竟无一人可挡。

说时迟，那时快。

眼看萧何已是危在旦夕，命悬一线。

而就在这千钧一发之际，竟又有一批人杀了出来。

众人定睛一看，原来是曹参带着几名与自己过命的兄弟及时赶来了。

别看曹参只是一名管理监狱的典狱长，这个官职在当时可算是正儿八经的武官，是可以带兵的，曹参能胜任这个职位，可想而知其身手自然也是相当不错的。

他先前在牢中已将刘邦的妻儿老小都救了出来，准备安排人送他们出城去见刘邦。

不料，这半路上却碰上了县令派来围追堵截的杀手。

幸亏曹参这边也不是一个人在战斗。

他身边跟随着一帮过命的兄弟，虽然人数不多，但个顶个都是马上步下，身手不错的好汉，没费多大力气，便杀开了一条血路。

曹参见机行事，立刻与兄弟们兵分两路，一波带着刘邦的家人先去找个安全之地进行隐蔽，以此来躲避官兵的追捕，而自己则带领几名手下赶往萧何的住处。

他已经预感到萧何那边必定有危险。

而事实也果真如他所料。

他的人刚一赶到萧何家，就遇见了县令派来的另一批杀手。

幸得曹参本人技高一筹，三拳两脚，几个回合下来便将对方带头之人率先拿下，并一刀斩去对方头领的头颅。

你可千万别觉得这一幕血腥。

在过去那个时代，两方人马对垒所讲究的就是一个"擒贼先擒王"，一旦一群人的领头被拿下了，其余的小弟们自然而然也就失去了战斗力，变得人心涣散，溃不成军了。

而曹参此举正是如此，对方一见自己这边的领队都牺牲了，自己这几个人再战下去已无意义，于是便立刻泄了气，转身就想逃。

可曹参哪能让他们跑了？

这要是真放走一两个回县令那里去，自己与萧何等人还能走得了吗？

一想到这里曹参便不再废话，向身边弟兄们使了个眼色，众人立刻会意，纷纷手起刀落，便将县令派来的其余杀手一个不留地全部解决了。

直到此时，萧何才总算松了一口气，一颗悬着的心也算是落了下去，整个人一屁股坐在了地上，额角不停冒着汗，心脏一直不停地狂跳。

他一个文官，满腹经纶，胸怀天下，从头发丝到脚底板都是刚正不阿的仁义道德，从未亲眼见过如此血腥的场面。

可此时此刻，并不是感慨人生的时候，曹参见状，上前便将萧何从地上拉了起来，对着他说道："此地不宜久留，我们得赶紧走！"

萧何看着满地的尸首，双眼瞳孔也在不停收缩，道："这些人果真是县令派来的？"

他始终不敢相信，平日里脾气随和的县令会如此心狠手辣。

曹参道："除了他，沛县中还有谁有这么大的本事？"

萧何倒吸了一口凉气，道："他果然是一点情面都不讲啊！"

曹参道："枉费你我二人之前还极力劝说他废秦自立。"

萧何叹息道："人心隔肚皮，里外不相觑。"

一行人这时候早已从萧何家逃了出来。

此时的沛县街道早已不似往日那般繁华景象，俨然已经变成了一座人间地牢。

所有的青壮年都已被县令征调到城墙上去守城门了，而街面上则是一对又一对官府派出的衙役在寻找捉拿与刘邦往日有交情的人员。

曹参道："没想到县令会做得这么绝，现在该如何是好？"

萧何倒显得颇为淡定。

他伸手摸着自己的胡子，道："不急，我们等。"

曹参道："等？等什么？"

萧何道："等到夜深人静之时，我们翻城墙出去。"

曹参道："但现在到处都是县衙的人，我们也无处藏身呀！"

萧何笑了笑，道："通常最危险的地方也是最安全的地方。"

他不等曹参开口，指了指街对面的一间酒肆道："我们就在对面的酒肆喝着酒，吃着肉，等到黑夜降临便是。"

说着，便拉着曹参手臂，直向街对面的酒肆而去。

五、下山会师

樊哙一出城便按照记忆中的路线去寻找刘邦。

他并不知道此时沛县内已是翻天覆地，更不知自己这一去将会彻底改变自己与刘邦等人的命运。

他之所以会这么做当然不是因为县令，而是因为他相信萧何，相信曹参，他相信他们俩是真心实意要帮助刘邦而不是伤害刘邦，所以当他看见萧何、曹参与县令在一起的时候，他才会毫不犹豫地接过那封信笺，快马加鞭地出城去找刘邦。

他预感到他们这些人接下来要一起干一番大事情了。

或许，将来有一天，整个九州都会流传着他们几个人的故事。

所以他很兴奋，也很激动，因此手里的马鞭挥舞得更用力，胯下的马儿跑得也更快了。

刘邦见到他的时候，他已迫不及待地从马上跳了下来，几乎跟从马上掉了下来没什么区别。

刘邦问道："怎么了？出什么事了？难道是有官兵追来了？"

刘邦并不知道发生了什么事，看他一脸着急忙慌的样子，以为是有官兵前来捉拿自己了。

谁知樊哙摆手说道："没有官兵，跟官兵没关系，是一件好事。"

刘邦皱了皱眉道："好事？"

樊哙点头咧开大嘴，笑着道："对，而且是一件天大的好事！"

说罢，便从自己身上将萧何写的那封信交给了刘邦。

刘邦很是疑惑地问道："这是什么？"

樊哙道："信，当然是信了。"

刘邦道："我知道这是信，我的意思是问你这信是从哪儿来的，是谁写的。"

樊哙道："信是萧大哥写的，让我专程赶来送你的。"

刘邦都快被樊哙整疯了。

要不是他知道樊哙这人行事向来如此大大咧咧，脑子比正常人缺根弦儿，早就脱下鞋子要抽樊哙二十几个嘴巴子了。

他耐着性子，哭笑不得地又问樊哙道："你能不能从头到尾把整件事情说完整？"

这一次，樊哙总算领悟了他的意思，于是当下便将所发生的事情从头到尾复述了一遍。

刘邦不动声色，一边看着萧何给他写的信，一边认认真真地听着樊哙的叙述，直到樊哙将最后一个字也说完了，他才拍案而起，激动万分道："太好了！看来我刘季就要时来运转了！……"

想想自己自从进山避难以来的这些日子，过得就跟个野人没什么区别，天天昼行夜出，困了睡在洞穴中，饿了就采摘野果来祭拜五脏庙，早就烦透了，此刻樊哙带来的这个消息自然使他欣喜若狂。

现在沛县的父老乡亲如此需要他，他又怎能继续在这里过着暗无天日的日子？星辰大海才是他的目标，他刘季咸鱼翻身的日子即将来临，这都是老天爷的安排！

樊哙道："那就别磨叽了，赶紧收拾东西跟我回沛县吧！"

于是，刘邦当下便大手一挥，向着身旁那群跟随自己进山避难的兄弟兴致勃勃地说道："兄弟们，赶紧收拾家伙，我们离开这儿，去沛县干大事了！"

众人也早就对当下这种野人般的生活不耐烦了，此刻听到刘邦说可以回去了，顿时一片欢腾。

他们谁也没有想到，此刻的沛县县城内早已变了形势，这一去必定遭遇一场恶战。

一路无话。

这一日傍晚，刘邦一路在离沛县县城还有十几里地的途中却迎面遇见了一群鬼鬼祟祟的赶路人。

那个年头，没有电，也没有路灯，更没有手电筒，所以天一黑下来，就只能靠着朦胧的月光和手里的火把照明，而火把的亮度也是很有限的，照不了太远。

因此，可以想象在这样的条件下走夜路，若突然遇见对面来了人，那是种什么感受。

刘邦大喝一声，道："你们是什么人？"

对面的人如同惊弓之鸟，被他这么一喊顿时做出了防御迎敌的架势。

"你们又是什么人？"

刘邦没想到对方会反问。

刘邦自小在街面上混，三教九流、五行八作都接触过，什么鸟人他没见过，怎能被眼前这几个人吓唬住？

"少废话！你们到底什么来路，快点儿说，不然把你们全宰了！"

他心想着，如果对面来的是抓自己这帮人的官兵，他正好一口气全解决了。

如今跟着他的人虽不算多，只有百十来号人，但对付一小撮官兵还是绰绰有余的。

说罢，他便举着火把，向前走了几步，想借着火光看看对方到底是人是鬼。

谁知就在这时，对面人群中忽有一人道："刘季，可算见到你了！"

"谁呀？"刘邦听着对面这人声音有些耳熟，随即便将火把冲对方脸上照了照。

只见这人灰头土脸，一副狼狈的样子，但眉宇间却有几分眼熟，到底是谁呢？……

"萧何！"刘邦忽然一拍自己脑门儿，当下便叫了出来。

原来，这灰头土脸、狼狈不堪的人竟是萧何。

"还有我……"

萧何身后一大汉这时也一边说着，一边自顾自地将戴在头上的斗笠摘了下来，露出了本来面目。

刘邦定睛一看，原来不是别人，正是自己的另一位好兄弟曹参。

刘邦怎么也想不到，自己会在半路上遇见萧何与曹参。

见他二人这副狼狈模样定是出了什么大事，于是赶紧追问道："你们俩怎么会在这儿，沛县里难道出事情了？"

他这句话刚说完，就听见萧何与曹参二人双双哀叹一声。

"到底怎么了？快说啊！"刘邦已有些急了。

于是，萧何便将在沛县县城里前后发生的所有事情都简明扼要地说了一遍。

六、智取沛县

刘邦听完后当场就火了，把自己这辈子会的所有三字经全部骂了一遍。

樊哙道："那现在我等该如何是好？去沛县必定被守城的兵卒乱箭射杀。"

他这么一说，周边的人纷纷附和道："是呀，是呀，太危险了！……"

刘邦摇了摇头，道："不！一定要回去，我老婆孩子还在县城里呢！"

樊哙道："但我们这些人，既不是兵，也不是匪，回去岂不是白白送死？"

刘邦不得不承认，樊哙说得也有道理。

他们这帮人大多都是穷苦的农民出身，拿锄头耕地还行，但要论打仗，都是一群韭菜，上去就只有给对方送人头的份儿了。

但是，不回去，当一辈子逃犯肯定不行。

一想起自己那位新婚的妻子和年迈的老母，刘邦的心就静不下来。

这时，一旁的萧何正在用手摸着自己的胡子，默不作声，似乎也在沉思着。

刘邦、曹参、樊哙一见他摸胡子，纷纷都安静了下来。

三人都知道，凭萧何的智慧一定能想出一个绝妙的法子来帮助他们顺利通过这一关，而他们所要做的则是安静地等待萧何给出具体解决方法即可。

过了大约半盏茶的时间，只见萧何眼前一亮，说道："其实，也不是完全没有办法。"

刘邦道："哦？"

萧何凑上前去，在刘邦耳边低语了几句，说出了自己的想法。

其实萧何的办法一点儿也不复杂，任何一个人都可以做到，关键就是看有没有胆量去做。

他让刘邦写一封信给县城里的百姓们看，告诉大家，外面已天下大乱，原来被秦国消灭的六国现在已经复辟，并各自建立了自己的军队。

此外，还有由各地农民兄弟自己组建的起义军也是一支庞大的队伍，现在正浩浩荡荡向沛县而来。如果沛县的父老乡亲们现在不造反杀了县令，等到外面起义军一到沛县，必定先杀了县令，再将全县的人一个不留地全杀了。

刘邦一拍大腿，道："这是个好主意，老萧，真有你的！"

于是，刘邦大笔一挥，歪歪扭扭在一块帛上写下了一大段狗爬文字，而且全是大白话：

"当今天下，秦王暴政，四海之内的父老都已组成义军开始反秦，原先被秦所灭的六国现在也已复辟，组建了自己的军队，不日秦朝天下将会轰然倒塌。沛县父老在为秦王朝的县令守城，这是倒行逆施的做法，是违背天理的。不久后义军和各国军队将会到达沛县，到那时县令会被斩杀，而拥护县令的人也会被除掉，沛县将会被屠城。如果沛县的父老乡亲愿意响应号召，与我刘季一起反抗秦朝，杀掉县令，打开城门，我刘季可担保大家平安无事。如果你们信不过我刘某，也可以在杀了县令之后，从你们当中选出一位年轻有为的人来做首领，我刘某绝不会反对。但如果父老们不肯听我刘某的劝告，等到外面大部队来了要对沛县屠城时，可千万别怪我刘某没有提醒过各位。"

刘邦将写好的信绑在箭上，然后再让一名弓箭娴熟的手下人趁着夜色茫茫、城楼上的卫兵不注意的时候，将箭射入了县城内。

这信被沛县中的百姓看到，大伙将这个消息一传十，十传百，甚至连把守城门的官兵都有所耳闻，闹得上下皆知，沸沸扬扬。

大家一致认为刘邦是对的，如果再跟着县令这么耗下去，任其嚣张跋扈，最后有可能连自己小命都保不住。

为了自己与家人老小的性命着想，众人事不宜迟，当晚便召集数百人，与县衙内顽固不化的官兵们发生了激烈冲突。

官兵们虽手中都有精良的武器，但毕竟人数不占优势，而且完全没有想到会发生这种事，一时间竟乱了阵脚，慌不择路，丢盔弃甲，四散奔逃。

这么一来，手里只拿着锄头、镰刀及各种农具的百姓则更加兴奋了。

他们嘶喊着，吼叫着，疯狂地挥舞着手里的武器，似要将压抑在内心许久的愤怒全部爆发出来。

轰隆隆！……

漆黑的苍穹中忽然响起了一阵雷鸣，像是沙场上击打着的战鼓与奔腾的马蹄。

而街面上则已是一片血流成河、惨不忍睹的景象。

反抗的百姓们冲入县令的家中，将熟睡中的县令及其家人老小纷纷从软榻上拽了下来，赶出了家院，拖至大街，在众目睽睽之下将其一个个斩杀，之后又打开城门，迎接刘邦等人进城。

沛县县令到死都想不到自己居然就这么结束了一生，之前他一直看不上的刘邦居然略施小计就让他送了性命。

刘邦一进城首先去找自己的母亲和妻儿。一家人经历了如此大的磨难，可谓是九死一生，如今再重逢，自然是满含热泪，激动万分。

其实，司马迁先生在《史记》中并没有写明杀死县令的人的具体姓名，但笔者认为以当时冷兵器时代弓箭的射程，刘邦的这一箭即便能越过城墙，也不大可能让城中百姓看到。

而且，当时社会中大多数人都不识字，即便看到了也难免会当作一件废物而置之不理。

因此，这一段记载未必百分百属实，极有可能刘邦射入城中的这一箭只是为了通知城里的同伙为自己开城门。

而刘邦一进城，县令当然也就活不成了。

但究竟是谁杀了县令历史上没有明确记载。

因此最后，这件见不得人的无头冤案就只能落在了当时沛县里成百上千的百姓身上。

七、巧施妙计举沛公

沛县的百姓一致推举刘邦来做新一任的沛县县令，准备废秦自立。

刘邦一听众人要推荐自己来做县令，心底自然是乐开了花，但表面上还是要装出一副谦卑的姿态，假模假样地推辞道："如今恰逢乱世，各地诸侯纷纷起事复辟，如果选择一个不合格的人来领导大家，势必会一败涂地。而我刘季虽说不是胆小的鼠辈，但也深知自己能力有限，水平也有限，恐怕难当大任，还望各位父老兄弟慎重考虑，选出一位德才兼备的人选。"

众人一听，他说得也有几分道理，又推举萧何与曹参来做大家的领导。

然而，萧何、曹参都是当时朝廷的官员，而且都有所顾忌，也都很惜命，生怕这场反叛朝廷的举动失败后会连累到自己的性命，不愿承担满门抄斩的后果，因此反过来还是极力推举刘邦。

刘邦也不傻，这其中的利弊关系他自然也是明白的，只是他心有不甘，不愿意一辈子只做个穷苦的平民。

他看着萧何道："老萧，平日里你待我不薄，而且又是我们几人中的大哥，我们都受过你的恩惠，如今这领头人的位子应当由你来坐。"

萧何摆摆手，推辞道："我虽是你们几人的大哥，但论胆识和魄力我比起你刘季还是差得远了。我们几人中就数你最活跃，百姓们也信得过你，所以这带头人的位子应当由你来坐。"

这时，周围的百姓们纷纷又劝说他道："我们整个沛县就数你刘季最为够义气、重情义。平日里大家在茶余饭后都在传颂你做过的那些事，在我们心中，你若不当这县令，那就没人配当了。"

刘邦听到这话，喜不自禁，但表面依旧推辞着说："我刘季是什么人，有几斤几两，我自己最清楚，我坐不了这个位子。"

就这样大家推来推去，从头一天深夜到第二天中午也没能选出一位能扛起反秦大旗、能够做大伙统帅的人。

百般无奈之下，最后还是由足智多谋的萧何出了主意。

他提出运用"占卜之术"来决定到底让谁做大伙的统领。

这当然是萧何本人耍的一个聪明，目的就是为了停止大伙互相推诿、争论不休的局面。

表面上，这个办法很公平，把决定权交给了上天，实则却由萧何本人暗箱操作。

而当时的百姓大多出身穷苦，淳朴善良，谁会想到萧何会做手脚？

如此一来，这占卜的结果自然不言而喻，依然是刘邦做统帅。

这回刘邦再也无法假惺惺地推辞了，在大伙的簇拥下，他便当仁不让，欣然接受了新一任沛县的县令一职，史称"刘沛公"。

其实，论实力，论才学，萧何都比不学无术的刘邦强太多，但最后偏偏是市井出身的刘邦做了沛公，成为整个沛县的"话事人"。

不得不说，人生有时就像一部剧本，下一步会发生什么真的很难预料。

时至今日，很多人想不明白，当初的萧何、曹参这帮人既然都已经决定造反了，为何还要畏首畏尾，不敢做出头之人，反而把刘邦这样一个平庸之辈推到了历史舞台的中心，做了主角。

其实，如果大家站到当时那个时代背景去考虑问题，就能想通这一点。

萧何当时是沛县的主吏掾，论能力和平时办事的效率都是没得说，只不过他久居官场，养成了当时官场里普遍瞻前顾后的性格，对起义反秦这种大事始终有所顾忌，担心失败的后果自己承担不起，所以无论如何也不敢担此大任。

那么有人就会问，如果不当领头人，起义失败后，萧何、曹参这些人难道就能独善其身吗？

当然也不能，但起码他的罪过没有刘邦那么大，而且凭借他的智慧以及在官场中的人脉，最后还能明哲保身也说不定，但作为领头人的刘邦到时候却是必死无疑。

萧何既然是个聪明人，又深知官场中的那一套，自然也能打得清这算盘。

曹参想必当时也是这么考虑的，所以才会与萧何一道推举刘邦来坐这第一把交椅。

此外，正如我们之前提到的，当时的刘邦在沛县是有一定群众基础的，他自小就在街面上混，八面玲珑，为人直爽又够义气，大家都愿意围着他转，也都愿意听他的安排，因此，他做这带头人再合适不过。

而且，刘邦之前在放走逃犯起义躲进芒砀山的时候，他沿路又招募了一批跟随者。也就是说，在回沛县之前，他手里就已经有了百十来号人的队伍。这些人虽还比不过正规军，却在当时与投降过来的县衙兵力组成了沛县核心武装力量。

这就是当时刘邦的武力资本。

反观萧何与曹参等人，除了在沛县的上层阶级里有些名气外，则无一点儿实际权力，更别谈什么武装力量了。

如果在这个时候不选择与刘邦站一队，另起炉灶，最后很有可能会跟县令是一样的下场。

因此，明白了以上这些问题后，自然而然也就明白了当时萧何、曹参这些人为什么极力地推崇刘邦来做这个"话事人"了。

可以说，正是由于萧何、曹参等人久居官场，心有忌惮，才会将刘邦这个一介草莽推到了舞台中央，并甘愿在其身后辅佐他，做他的经纪人，或者说是"管家"，众星捧月于他一人。

但眼下，几人谁也不知道今后的路途究竟会如何，而且很快萧何、刘邦、曹参等人又遇到了新一轮麻烦。

这一次的麻烦，差点儿将他们刚积攒下来的势力一举击垮。

第三章

团队又添新成员

一、叛徒雍齿

虽说现在名义上是刘邦做了沛县的头儿，但实际上大家还是像以往一样，都听萧何的安排。

刘邦对此也没有什么异议。

毕竟他也清楚自己水平有限，能力也有限，若不是有萧何的鼎力支持，他恐怕也坐不到这头把交椅。

萧何也的确是尽心尽力。

作为刘邦的助手督办公务，萧何常常为刘邦排忧解难，出谋划策。

而刘邦则在萧何的帮助下，从一个几乎不学无术的登徒浪子，逐渐成长为一个处理各种复杂事物都有条有理的人。

这时候，萧何向刘邦提出了新想法。

他建议刘邦废除之前秦朝的法令，顺从民意，设立祭坛，立赤旗，帮助百姓恢复生产，并且将之前地主豪强们霸占的土地及财产重新分配给百姓。

这一系列的举措得到了沛县广大百姓的一致拥护。

在萧何的提倡引导之下，刘邦不仅在沛县内祭祀传说中能定天下的黄帝和善于制造兵器的蚩尤，还将牲口血涂抹在旗鼓上，以此祭旗祭鼓。

古人对自然界的认知有局限性，所以普遍相信"万物有灵"

的说法，而祭坛则是民众祈祷祭拜神灵的重要建筑，在科学知识匮乏的古代社会，人们非常看重此类事务。

在完成了以上工作之后，又由萧何带头，曹参领队，樊哙等人实施，将县城里所有的青壮年男子招募起来，共计两三千人，分发兵器，每日训练，最终变成了一支有素质、有纪律的部队。

刘邦带领着这支队伍，以沛县的丰邑为后方根据地，开始接连向周边的胡陵、方与等地发起进攻，扩大了自己的地盘。

但俗话说：几家欢喜几家愁。这边萧何、刘邦、曹参等人带领着沛县的穷苦百姓脱贫致富奔小康，走上了康庄大道，老百姓们自然笑得合不拢嘴。而另一边，有一小撮人则对此非常不高兴，认为萧何等人此举是断了自己的财路。

这一小撮人自然就是沛县一带之前的地方豪强们，用现在的话说就是黑恶势力。

这些人之前在沛县那可是一手能遮天的存在，掌管着沛县街面上的五行八作、三教九流，就连县衙等朝廷公务人员也要敬他三分。

可是如今萧何等人完全将之前的规矩打乱废除，这不仅使得他们赖以生存的方式被破坏，少了很多资金来源，而且连之前的地位也受到了极大的威胁。

为此，这些人暗地里四处寻找能打击萧何等人的方式，恨不得将其除之而后快。

但明面上，这些人与萧何、刘邦等人还得交往，互相之间比较尊敬，礼尚往来，看上去十分和谐，丝毫不像有矛盾的样子。

这里面首屈一指的便是这些豪强里的头号人物，名叫雍齿。

雍齿家里世代为沛县豪族，可以说是世代相传的有势力的家族，在沛县一带及周边的势力可以说是盘根错节，非常复杂。

刘邦在发家当泗水亭长之前，曾一度投门拜帖，在他的手下做小弟跟班，所以两人之间算是老交情了。

但雍齿向来瞧不起刘邦，毕竟自己是做老大的，而刘邦只是他手下众多小弟中的一个，给他端茶倒水都不够资格。

而如今，这个曾经跟着自己混的小弟，一跃成为整个沛县的主人，这叫雍齿如何能服气？

他日日夜夜都想扳倒刘邦，可惜又不敢明着来，只能暗地里咬牙切齿，愤恨诅咒。

更要命的是，如今的刘邦身边还有一个萧何在辅佐着，当他的经纪代理人、大管家，为他操办一切烦琐事务。

对于萧何，雍齿自然也不陌生，之前萧何做县令助手时两人也有过交集。

萧何的厉害他非常清楚，能在严刑峻法的秦朝做官做得如此顺风顺水，并且还能被朝廷看中，几度被提拔，这样的人实在很有手腕，甚至已经到了让人不寒而栗的程度。

所以，他每次见萧何都非常小心，生怕会被对方看穿自己心底的秘密。

就在这样惶惶不安的情绪下，雍齿终于等来了机会。

秦二世二年，也就是公元前 208 年。这一年，陈胜手下的一员大将周章率领着一批起义军一路打到了戏水（今陕西省西安市临潼县一带）县城，结果被秦军将领章邯率领的秦国精锐军队打败，给硬生生逼退了回去。

这个时候的中原大地已是狼烟滚滚，四分五裂。

之前被秦国消灭的燕、赵、齐、魏等国的贵族此时又已纷纷复辟，重新自立为王，并且组建了自己的军队开始合纵连横，与秦朝分庭抗礼。

楚国旧贵族项梁、项羽叔侄俩在吴县起兵反秦，将局势推波助澜了一番，使得秦军更加焦头烂额，自顾不暇。

而由萧何、刘邦、曹参等人组建的新势力也在这一时间段搞得有模有样，时时刻刻威胁着周边各郡县。

紧邻沛县的泗水郡（今安徽省淮北市西北相山区）此刻已按捺不住了，于是泗水郡的秦军将领便率领着秦朝正规军开始向刘邦的民兵队伍发起了进攻。

当时，刘邦的队伍里大多是穷苦出身的平民百姓，虽有些作战经验，但和秦国的正规军还是差距很大的。

结果这一场仗打下来，刘邦的民兵队伍根本连喘息的机会都没有，被对方无情地按在地上反复摩擦，刘邦的部队被困在丰邑整整两个昼夜。

刘邦急得是嘴上的火疖子一个接着一个地往外冒，双眼也布满了血丝。

他这样一来就像是传染病似的，整得曹参、樊哙等人也没了主意。

众人中，只有萧何依旧保持着淡定。

刘邦看着他那淡定自若的样子，忍不住说道："大哥，事到如今，你若有什么法子就快些说出来，我们哥儿几个都快愁白了头了。"

萧何摸着自己唇上那两撇小胡子，道："事到如今，只有杀出重围才能有一线生机，否则必死无疑。"

樊哙突然道："可是，以我们现在的实力和兵力如何与秦军交战？"

萧何道："九死一生也比作困兽之斗要强，困在这里只会消耗粮草干着急，等到粮草耗尽，我们就真的回天乏力了。"

曹参附和道："没错，大哥说得有道理，如果我们现在出城与秦军交战，或许还有翻盘的机会。"

刘邦挠挠头，显得举棋不定。

这是他长这么大以来第一次感受到束手无策是种什么体验。

萧何见状，顿时皱了皱眉，道："别再犹豫了，眼下已没有其他的办法，再犹豫下去恐怕最后连出城与秦军交战的机会都没有了。"

刘邦忽然一拍大腿，随口道："那就出城跟他们拼了！"

于是，刘邦便带着自己那几千人的民兵队伍出城与秦军来了一场破釜沉舟的战役。

到了此时，所有的人都抱着必死的心态与秦军作战，因此每个人都发了疯似的冲向秦军队伍，见人就砍。

秦军完全没有想到，眼前这支杂牌军竟会如此凶猛，瞬间慌了阵脚，结果被刘邦几千人的民兵打了个落花流水，纷纷丢盔弃甲，作鸟兽散。

刘邦没有想到这一战居然能反败为胜，顿时从心底燃起了无限昂扬的斗志，追赶着秦军死咬不放，势要将对方一网打尽。

于是，他将自己的老巢根据地托付给了曾经无比信任的大哥雍齿，自己与萧何、曹参、樊哙等人则带着人马向北继续追击秦军，直至最后追到威县（今河北省邢台市一带），刘邦手下的左司马曹无伤将秦军将领泗川（今安徽省淮北市一带）郡守擒获并斩杀，这一仗才算结束。

这一仗可算是萧何、刘邦等人与秦朝正规军的第一场战役。

刘邦本人也因这场战役的获胜而声名大噪。

但让高高兴兴准备回根据地的几人怎么也没有想到，就在他们离开老巢的同时，刘邦委以重任的雍齿却出卖了他，投靠了复辟后的魏国。

原因很简单。

丰邑（今江苏省徐州市丰县一带）这个地方过去就是属于魏国的领土，萧何、刘邦等人一走，重新复辟的魏国立刻就派来使者与雍齿勾结。

雍齿本来就瞧不起刘邦，正愁找不到借口给刘邦来个釜底抽薪。

这下可好了，魏国居然主动派人来跟自己谈合作，而且对方开出的条件也不错，封他做侯，继续驻守丰邑，只不过服务的上级有所变化。

雍齿觉得封侯不错，他就是要在刘邦之上，于是便顺水推舟，投靠了魏国。

正所谓千防万防，家贼最难防。

萧何、刘邦等人知道这个消息后，肺都要气炸了，千算万算居然还是算错了。

刘邦按捺不住，在没有与萧何、曹参等人商议之下，私自带着兵趁夜攻打丰邑，谁知此时的兵卒早已疲惫不堪，没几个回合就被对方吊打了一顿。

幸亏刘邦本人并无性命之忧，有惊无险地回来了。

无奈之下，众人只有带着残兵败将先回到了沛县从长计议。

刘邦为了此事还生了一场大病，高烧三天三夜不退，头发大把大把地往下掉。

他痛恨雍齿吃里扒外，发誓总有一天要将他抽筋剥皮，碎尸万段。

丰邑的失守对于萧何、刘邦等人来说打击巨大，自从陈胜吴广起义之后，九州大地揭竿而起的起义军数不胜数，但这些人最后的命运却非常悲惨，起义军不是被强大的秦朝正规军所灭，就是被其他的义军势力所打压。

在这样的严峻环境下，保存好自己的实力不被别人干掉就成了迫在眉睫的现实问题。

二、投靠项家军

就在萧何、刘邦等人为丢失丰邑这个战略要地而懊恼之时，却意外听说东阳的甯君、秦嘉立景驹做了代理王，驻守在留县（今江苏省沛县南 55 里）。

于是，萧何便建议刘邦去投靠，当然主要目的是为了向对方借兵攻打丰邑。

刘邦觉得这主意不错，于是硬撑着大病初愈的身子，立刻率领众人启程去投靠景驹。

半路上一行人在留县的境内遇上了一个名叫张良的人。

张良是土生土长的韩国人。

自从秦国灭六国之后，他一直都以恢复韩国的政权为己任。

为此，张良曾经还特地策划了一场刺杀秦始皇的活动，只可惜最后却失败了，而他也成了秦王朝通缉名单上的 A 级要犯。

萧何、刘邦等人早已听说过张良的名号，此时一见其本人更是欣喜若狂，激动万分。

他们实在难以相信，这个策划暗杀始皇帝，被秦王朝在全天下通缉的神话般的人物竟会活生生地站在自己面前。

几人一见如故，相谈甚欢。

张良以《太公兵法》进说刘邦、萧何等人，众人被张良渊博的学识所折服，每每叹为观止。

从此，萧何、刘邦等人便与张良成了志同道合的朋友。

只是此时的张良心中始终还没有忘记恢复韩国政权的重任，因此并没有正式加入萧何、刘邦等人创业团队。

于是，几人相处了几日便相互道别，萧何、刘邦等人继续赶路前去投靠景驹。

但令一行人万万没有想到的是，景驹这时候的实力也不是很大，兵力实在有限，但见刘邦带着人马诚心来投又不好驳了对方的面子。

与此同时，秦朝的将领章邯正在追击陈胜的起义军。

章邯麾下别将带兵向北平定楚地与相县（今江苏省宿迁市新安古城一带），直逼砀县（今安徽省宿州市一带），东阳甯君坐不住了，赶紧调齐人马准备迎战秦军。

萧何、刘邦、曹参等人怎能错过这大好的表现机会，立刻要求与其一道上阵杀敌。

于是，一众人马齐刷刷向西开拔，在萧县（安徽省北部一带）与秦军交战。

这场战役打得天昏地暗，日月无光，双方均拿出了全部实力，势必要将对方一网打尽。

但可惜的是，刘邦、东阳甯君一方与秦军兵力相差悬殊，没打多久就陷入了弱势，便快速退了回来，收拾残兵在留县驻扎。

经过一番商议，萧何、刘邦、曹参等人决定离开东阳甯君，自行带兵绕道出其不意去打砀县。

结果没想到，这一次却出乎意料地顺利，仅用 3 天时间就将砀县拿下。

这一仗的胜利无疑又恢复了萧何、刘邦等人的信心，不仅轻易得手，而且还额外得到了五六千人的兵卒来扩充自己的实力。

虽然萧何、刘邦第一次投靠失败，却并没有停下脚步，众人很快又选定了第二个投靠的目标——项梁。

显然作为楚国旧贵族的项梁是当时唯一一股实力雄厚的起义军部队，甚至可以说是一方霸主的存在，刘邦一行人如果能拜在他的麾下，兵力和地位自然不可同日而语。

刘邦带着一百多名骑兵赶去项梁所在的薛县（今山东省滕州市南四十里皇殿岗故城遗址）拜见。

项梁有一侄子非常有名，就是后世人称"西楚霸王"的项羽。

项羽勇猛善武，而且高大强壮，是个不可多得的青年才俊，因此项梁非常器重自己的这个侄子。

只可惜项羽自小心高气傲，虽善武学，却不通人情世故，搞得身边人也都避而远之，没人愿意与其亲近。

但天下没有绝对的事，至少刘邦就是个例外。

在所有人都对项羽避而远之的时候，刘邦却能反其道而行之，这一点令所有人都很意外。

刘邦不但一点儿也不畏惧项羽，反而还能与其相谈甚欢，以至于最后互相以兄弟相称。

要知道当时刘邦的年龄可比项羽整整大了两轮以上，足以做项羽的父辈了。

萧何、曹参等人不由得暗自对刘邦赞赏有加。

因为他们实在对刘邦那种超强到几乎没有底线的社交能力佩服得五体投地，甘拜下风。

其实，这一点儿也不奇怪。

刘邦是什么人？

那是从小就游走在市井的痞子，三教九流的人他见得实在太多了。

项羽这种自小长在温室里的花朵，在刘邦眼里只不过就是一个倔强且没有经历过外界社会打磨的小孩，他根本没有当回事，自然也就谈不上怕了。

同时，这也侧面反映出萧何是一位独具慧眼的"伯乐"。

试想，如果萧何不是有一双毒辣的慧眼，怎么可能会在初次见到刘邦时就断定刘邦日后必定能成就一番事业呢？

当然，夺取沛县和推举刘邦这一举动萧何是带有一些赌的心态，但那也是在当时刘邦已经有了一批武装力量的基础之上。

古今中外的历史永远有一个不变的定律——枪杆子里面出政权。

可以说，这个规律是人类共有的规律。

你手里有足够强的武装力量就说明你有能力推翻旧势力，去创造新天地。

而项梁对来投靠自己的刘邦自然也是很看好的。

他觉得刘邦是个人才，留在身边如果能被好好利用，将来必定能为自己做不少事，所以就痛痛快快给刘邦拨了 5000 人和 10 名当时一等一的战将。

如此一来，刘邦、萧何这批人就如同是升了级，换了装备，和当初刚起义那会儿的寒酸劲儿已完全不可同日而语。

有了足够的兵力和精良的武器，刘邦做的第一件事，自然是要回到丰邑找雍齿报仇雪恨。

他摩拳擦掌等待这一刻已经好久。

皇天不负有心人，这一次刘邦成功了。

在强大的兵力与战斗力的碾压下，雍齿被刘邦打得似丧家之犬般落荒而逃，刘邦成功夺回了丰邑。

可是，仅仅一个月后，强大到不可一世的项梁突然在定陶战死。

三、怀王之约

秦二世二年（前 208），九月。

这个时候，楚怀王的孙子熊心做了新一任楚王，建都于盱眙。

项梁因为多次大败秦军主将章邯的部队而有些沾沾自喜，认为如今的秦军早已不是当年的那支虎狼之师，简直不值一提，推翻暴秦统治指日可待。

而他手下的部将宋义作为旁观者看出了这其中的端倪，于是进谏道："将军虽打了胜仗，但千万不能骄傲得意，士兵们更应该时时刻刻提防，不能懈怠。如今秦军正在一天天增添兵力，如此下去，反攻之日迫在眉睫，属下实在为将军担忧啊！"

宋义这段话本是良言相劝，谁知项梁志得意满，连一个字也听不进去，将宋义打发到了重新复辟的齐国去做使臣。

宋义也是无语了，面对如此刚愎自用、听不进劝言的主将，他也是回天乏术，只能收拾收拾行李即日启程。

在半路上，宋义偶遇了齐国的使者，于是便问对方，道："你是要去见我家主将武信君项梁吗？"

对方使者道："是的，我此次正是要去见武信君项梁将军。"

宋义轻叹一声，道："我觉得，你已经没必要去了……"

对方使者觉得宋义的言辞十分奇怪，于是追问道："阁下何出此言？"

于是，宋义便将这其中的前后因果简明扼要地向使者说了一遍，并最后下了自己的判断，道："我断定，武信君项梁不久将会遭到秦军的猛烈反攻，你可要走慢些，免得受牵连，丢了性命。"

事实的发展果真如宋义所料。

就在他与齐国使者对话的同时，远在邯郸皇宫里的暴君秦二世已经调动了全部兵力来支援章邯作战攻打楚军。

秦国的铁骑浩浩荡荡，似蝗虫般遮天蔽日而来，将定陶城里三层外三层，密密麻麻围得水泄不通。

楚军一见这阵势，顿时吓傻了眼，刚刚得到不久的自傲心态瞬间变成了恐惧。

项梁率军出城与秦军大战，结果中了埋伏，被秦军"包了饺子"，楚军死伤惨重，而作为楚军主帅的项梁则惨死在乱战之中。

项梁的死讯很快传开并轰动了天下，使得其余起义部队人人从此对秦军噤若寒蝉，战役连连败退。

而这一消息对于萧何、刘邦等人来说更是晴天霹雳，他们不得不重新寻找投靠的对象，萧何、刘邦等人立刻带兵与吕臣将军的部队一并向东而去，并最终驻扎在砀县，吕臣将军的部队则驻扎在彭城东面。

而此时，项羽的部队驻扎在彭城西面。

另一头，秦军主将章邯打败了项梁之后就一厢情愿地认为楚军主力已破，于是便率军毫无顾忌地横渡黄河，向北进发直攻新复辟的赵国，秦军将领王离在钜鹿包围了赵王赵歇的军队，大败赵军。

楚怀王在得知前线楚军惨败于秦军，楚军主帅项梁更是惨死于沙场的消息后，顿时吓破了胆，想到自己所在的盱眙此时正防备空虚，如果秦军来犯，自己恐怕小命难保，于是连忙回到寝宫招呼太监宫女们连夜收拾铺盖，慌不择路地暂时迁都到了彭城，也就是项羽军队的驻扎地。

为了确保彭城的安全，楚怀王以君王的身份做了人事调整，他将吕臣的部队和项羽的部队合并在了一起，变成了他自己的禁卫军，并由他自己担当主帅，亲自来指挥。

除此之外，楚怀王为了平衡各方统领的势力，避免吃里扒外的现象出现，又立刻任命远在砀县的刘邦为砀郡太守，封武安侯一职，统领砀郡境内所有的兵卒，封项羽为长安侯，号称其为"鲁公"，并让吕臣担当司徒一职。

秦二世三年（前207）。

此时，北边的赵国已是岌岌可危，赵王歇多次派人向楚怀王发来求助信，向楚怀王借兵解围。

救赵国顿时变成了一个急迫且艰巨的任务。

此时，在赵国境内盘踞着两拨强悍的秦军部队，分别由章邯与先前驻守长城的边防军部队合围赵国。

假如此次赵国就此被秦军所灭，将会对天下所有反秦的义军造成沉重打击。

作为目前最强大的一支起义军，在此危难之际，唯有楚国能解救赵国。

楚怀王能否像周天子那般成为天下共主便在此一举。

楚怀王为了树立自己的人设，做好这新一任的天下共主，特意在朝堂上与众官员商议该派谁去解赵国之围。

其实，在当下这种时候，整个天下除了项羽之外就再没有人能与强悍的秦军抗衡了。

但众官员认为项羽虽勇猛强悍却过于残暴，甚至是蔑视生命，以往只要是他攻下的城池，城中老小绝无生还可能，因此绝对不能派他去解赵国之围。

楚怀王觉得众官员分析得有理，于是便任命项梁生前的手下部将宋义为主将，项羽则为次将辅佐宋义，范增为末将，三人共同北上解救赵国，又命令刘邦的部队西进关中，总共两路人马，使秦军瞻前顾后，措手不及。

入关灭秦自然是比北上救赵要容易得多。

北上救赵国显然是九死一生的硬仗，所面对的敌人是秦军的两大主力部队。

如此艰巨的任务以刘邦、萧何等人目前所带领的部队实力自然是不行了，因此楚怀王只能派刘邦、萧何等人率军入关灭秦。

此外，刘邦年龄偏大，按照古人的说法是"长者"。

要知道，这个时候的刘邦年龄足以做项羽的父亲了，而项羽还是个20岁出头的年轻小伙子，年龄大的长者往往给人一种宽厚、仁爱的感觉，因此，在年龄上刘邦具有很大的优势。

如果让项羽入关灭秦，等项羽做了关中王之后必定会对楚怀王构成很大的压力和威胁，而如果刘邦做了这关中之王必定会成为一支与项羽抗衡的力量。

项羽心中百般不服，没让自己入关灭秦也就算了，结果北上救赵自己还不是主帅，但是楚怀王的命令已下达，而且绝无更改的可能，项羽只好把怨气硬生生地往肚子里咽。

楚怀王与众将领约定，谁先进入函谷关平定关中，就让谁来做关中之王。

这就是中国历史上著名的"怀王之约"。

而萧何、刘邦等人与项羽之间的恩恩怨怨也正是由这"怀王之约"结下了梁子，彼此之间的矛盾便由此发酵升级。

四、再见子房

萧何、刘邦一行人奉楚怀王之命率军前往秦国腹地关中。

若硬与秦军拼命肯定吃亏，所以在萧何大智慧的建议下，刘邦耍了个小聪明，没有直奔关中，而是打着擦边球，沿着战线的边缘取道颍川、南阳，打算从武关进入关中。

而这一路上一行人又遇见了不少项梁、陈胜的残余部队。

刘邦是不打算理会这帮残兵败将的，准备让其自生自灭。

在粮草供给紧张的情况下，自己再额外收编一群战败的士卒，就意味着增加了负担。

但萧何不同意，他建议刘邦收编这些兵卒，好扩充自己一方的力量，为将来称霸一方，甚至是雄霸天下打基础。

在萧何的再三劝导之下，刘邦终于接纳了这批士卒，将其编入自己麾下。

秦二世三年（前 207），七月。

刘邦率军攻下了颍川。

这时，迟迟没有与秦军展开大规模战事的韩王成与谋士张良和刘邦、萧何一行人会面了。

韩成是韩国宗室，在项梁支持下被立为新韩王。

当初项梁、项羽叔侄两人拥立楚怀王之孙熊心为新怀王之时，曾召集各路义军首领到薛城开会，准备合纵连横，共谋大业。

而恰巧张良当时也在现场。

一心想复国的张良便借着各路义军聚集薛城开会之际，加之自己与项梁又是故交，向项梁提出想立韩成为新韩王，恢复韩国政权的想法。

项梁见老友开口请求，于是也很爽快，便立刻派人找到了韩成，立其为新韩王，以张良为司徒辅佐韩成，并借兵于二人去收复韩国旧地。

由此，张良便成了韩成的谋士。

萧何、刘邦等人再次见到张良自然很高兴。

当晚，几人便将张良留了下来，把酒言欢，促膝长谈，直到第二天天明才算罢了。

事后，敏锐的萧何便向刘邦提议将张良从韩王那里挖过来加入自己的团队。

刘邦有些难为情了。

"人家张良是土生土长的韩国人，而且一心要跟随并辅佐韩王韩成，直至恢复他们的韩国政权，你现在让我怎么去挖这个墙脚，从何挖起？"

萧何轻抚着唇上那两撇小胡子，笑道："谁叫你去硬挖了，面对张良这样智慧的人物自然是要智取才行。"

刘邦道："如何智取？"

萧何走近，在刘邦耳畔耳语起来。

刘邦听罢，豁然开朗，连忙大笑三声，道："若你萧何自称是天下第二聪明的人，这世上恐怕就没有第一聪明的人了。"

次日，刘邦十分真诚地请求韩王韩成留守在韩国古都阳翟，而请张良随自己的军队继续向南攻入函谷关。

这么一来，表面上是向韩王借张良来协助自己，实际上则是利用巧计将张良纳入了自己的阵营。

张良自然也明白萧何、刘邦等人的用意。

现在韩成已称王，韩国的政权也算是在名义上恢复了，而他自己则需要继续帮助韩成多积攒一些人脉和资源来支持刚恢复的韩国政权。

而且自己与萧何、刘邦等人可以说是三观一致，志同道合，几人虽相识不久，却似乎已经成了"一生一知己"的好朋友。

如今朋友开口请自己帮忙协助，自己焉有不帮之理？

也就是从这时候开始，张良一步步掉进了萧何与刘邦设的"圈套"，逐渐成为继萧何之后刘邦身边的第二位谋士。

当然，这一切的源头还是要归功于萧何。

作为刘邦团队中的大管家兼个人经纪人，萧何自然是非常有远见的。

虽然历史上并没有明确指出张良加入刘邦的团队与萧何有关，但这并不妨碍我们根据当时的情况来做推断。

所谓英雄惜英雄，就是这个道理。

既然是聪明人，萧何肯定明白得道多助、失道寡助这个浅显的道理。

想要做大事，成就一番伟业，光靠几个人的小团队肯定是不行的，必须要不断吸纳优质的人才，注入新鲜的血液，才能让团队不断壮大，不断发光发热。

当张良出现的时候，萧何绝对有一种棋逢对手的感觉。

这样的人物如果不是队友，就可能是敌人。萧何当然不愿意看到张良成为自己的敌人。所以在那之前，他必须将张良争取过来跟自己一队。

所幸的是，张良并没有拒绝萧何等人的好意。

因而从此之后，刘邦的身边不但有了萧何这个大管家，同时也有了张良这个智多星，二人共同辅佐刘邦使其团队不断发光壮大。

第
四
章

财如粪土书如宝

一、西进灭秦

秦二世三年（前207），九月。

刘邦率军抵达南阳，凭借萧何、张良等人的出谋划策，避实就虚，一路过五关斩六将，顺利到达关中地区。

这时，萧何已被升为丞督，专门负责管理后勤补给工作，每天工作12个小时，熬夜工作是常态，正儿八经像个"大管家"一般，为刘邦处理士兵中出现的各种繁杂事件和计算部队中的储蓄粮草，忙得不可开交。

在萧何的管理之下，刘邦部队的军需粮草越发充足，士兵们吃得饱，穿得暖，按时领薪水，完全没有后顾之忧，上阵杀敌也自然更加勇猛，加之刘邦等人实行的又是亲民政策，所到之处，老百姓无不是锣鼓喧天、鞭炮齐鸣地夹道欢迎，报名参军的人数也像滚雪球一样，越来越多。

眼看着一天天逼近咸阳城的刘邦部队，新一任的秦王子婴已经坐不住了。

为了保住他们老嬴家的血脉和最后一丝尊严，子婴决定设计诛杀宦官总管赵高并献出象征着皇权的玉玺向刘邦投降。

如此一来，也算是为他老嬴家报了仇。

自从始皇帝驾崩之后，赵高与丞相李斯串通，修改始皇帝遗诏，逼死公子扶苏，拐骗残暴无度的胡亥登基坐殿，从此结党营私，祸乱朝纲。

不仅如此，赵高还设计害死丞相李斯，最后竟逼死秦二世胡亥。

这一条条滔天的罪状，子婴永远不会忘记。

然而，如今赵高此举也并不是真心想让子婴来做这个皇帝，只是迫于满朝文武官员的压力才不得不暂时妥协，做出了让步。

但赵高也留了一手。

他声称六国故地现今已相继起义，大秦已失去对这些地区的控制。秦国原本与其他国家一样，只是个诸侯国，自始皇帝灭了六国后才自称为帝，现在各国既然又已各自独立，秦国也就不再是天下共主，子婴登基后自然也就不能再称帝，而要恢复之前诸侯国时期的王称，并且让子婴按照秦国的规矩，斋戒五日，到宗庙祭拜祖先，再接受传国玉玺。

而且这个时候，赵高这老贼已经派人秘密与刘邦开始接触，准备害死子婴之后与刘邦瓜分秦地。

子婴当然知道这都是赵高的阴谋，但自己势单力薄，一时之间还无法与其抗争，只能听之任之，忍辱负重。

所以，这场刺杀的行动便在子婴斋戒五日之后。

当日，子婴对外称病，卧床不起，赵高数次派人来请子婴去宗庙都被其家丁、奴仆打发。

最后赵高本人亲自登门来请，并直言道："朝拜宗庙祖先是新王登基前的首要大事，你作为秦国即将登基的新王不能不去。"

说罢，便准备命人用轿辇抬着子婴走。

可就在这时，忽然从四面涌出几十个手握长刀、身披铠甲的武士将赵高团团围在当中。

赵高顿时被惊出一身冷汗，想拔腿就逃可为时已晚，跟随子婴多年的秦宫宦官韩谈乘机将赵高一刀毙命。

奸诈狡猾不可一世的赵高估计怎么也没有想到自己最后竟会惨死在子婴的行宫之中。

事后，由韩谈带队诛灭赵高三族，在咸阳城内鞭尸示众。

公元前207年，十月，子婴继位，是为秦王子婴元年。

而此时的刘邦已率大军攻下武关、峣关，兵临城下，咸阳城危在旦夕。

这时，朝廷里大多数的官员都已做了投降派，秦王子婴心知秦国大势已去，自己这个亡国之君是做定了，于是便十分坦然地带着自己的妻儿，身着葬礼中死者所穿的礼服，坐着马车打开城门，向刘邦投降，并献出传国玉玺、虎符等器物。

至此，大秦帝国在子婴投降的这一刻便正式退出了历史舞台。

刘邦表面虽很淡定，但亲手从年轻的子婴手中接过传国玉玺和虎符等器物时，心还是不免狂跳起来。

回想起六年前秦始皇巡游时，刘邦曾远远地亲眼见过那盛大恢宏的场面一次。

他当时就被此景观震撼到了，在心中感慨地说道："大丈夫当如此也！"

没想到，仅仅过了六年，不可一世的秦帝国就被他拉下了神坛，秦王子婴也成了他的阶下囚。

这真是此一时，彼一时。

二、不要财物，只要文书

刘邦出生于平民，穷了半辈子，无法想象富贵是一种什么体验。

已入咸阳城皇宫，刘邦立刻眼花缭乱，被眼前雕梁画栋宛如仙境般的建筑所震惊。

宫廷内不仅有大量的金银珠宝，还有很多长得亭亭玉立、娇艳欲滴的妃子与宫娥。

刘邦毫不客气，立刻抓来两名年轻貌美的女子，硬生生将她们带进之前秦王的寝宫，与两名女子嬉戏玩闹起来。

跟随他一起入宫的士兵们更是肆无忌惮。

他们似疯了一般，砸开宫中仓库的大门，狂抢着各式各样金银细软，整座秦王宫殿被他们整得如同市井菜市场一样闹哄哄的。

奇怪的是，这个时候，纷乱的人群中却唯独看不见萧何的身影。

——他去了哪里？

——难不成是消失了？

萧何当然没有消失。

他只是没有与众人一道去疯抢秦皇宫的财物，更不贪恋宫中那些妃子宫娥的美色。

此时此刻，他只对一类东西感兴趣。

那就是秦国灭六国之后所收集的所有的人口、地理、法令等重要的文书档案。

萧何将这些资料进行分门别类，一一登记造册，并命人搬运上车，全部带走。

他心里很清楚，这些文献资料比任何金银珠宝、美女宫娥都珍贵。

当然，这也与他之前是主吏掾有很大的关系。

前面我们提到过，萧何是一个喜欢研究律法的官员，在大秦王朝生活、做官那么多年，他对秦朝是如何发展壮大，如何灭六国统一九州华夏，了解得非常清楚。

秦国之所以强盛，除了"商鞅变法"以外，更多的是靠着秦国自身那一套完善的中央集权制度。

这一点在当时就已经超越、领先其他国家许多。

作为之前秦朝的一名官吏，萧何知道秦朝的税收以及财政收入必定都会给皇帝批阅，然后再由官员入册记录，最后归档。

刘邦带兵攻入咸阳城皇宫后，所有人都被眼前黄金珠宝、美女佳人所迷了眼，只有萧何知道这些都只是浮云，生不带来，死不带去，唯有秦国历代以来所记载的文献资料才是最珍贵的。

有了这些文献资料便可以足不出户就将九州大地各地山川河流、风土人情了解得一清二楚。

一般人很难看透这其中的价值。

这些文献资料可是无价之宝，是秦国成千上万名官员经过反复研究、反复核对后所保存下来的结晶。要是把这些文献资料搬回去一一研究，吃透了，日后对整个团队的发展都能起到很大的作用，日后若团队发展壮大，站稳脚跟，自己的封赏自然也不会少。

事实也的确如此，这些秦朝的法令文书、户口、地理等资料也在日后刘邦建立西汉，稳固政权，修订律法时，起到了非常重要的作用。

后世的我们不得不佩服当时萧何的格局和眼界。

正是有了这些珍贵的文献资料，使得刘邦后期对整个国家的地形、资源都了如指掌，因此才会在与项羽的对决中屡屡占据上风。

像萧何这样世间少有的顶级聪明人心里是很清楚的，抢金银细软容易让旁人眼红，搞不好互相之间还会因争抢而发生冲突，但若拿文献资料，旁人则不会来跟自己抢。

刘邦是个大老粗，他手底下的士兵大多也和他一样，都是穷苦出身，能识字的没几个。

因此，这些人只认识值钱的东西，对文字则一点儿也不感兴趣。

萧何这样做不但可以全身而退，还能给刘邦等人留下一个很好的印象，在众人心目中树立一个高大且完美的人设。

对于萧何这样的文官，平日里又不能帮着刘邦上阵杀敌，只能在阵后多出谋划策，管理好军粮马匹，做好刘邦的经纪人。

而眼下，接管秦国的律令文书正是他作为刘邦经纪人、大管家，军队中的后勤部部长所要做的工作之一。

正所谓知己知彼，方能百战百胜。

刘邦、萧何这几人的创业团队若想要改朝换代，就应该以史为鉴，了解前朝的失败点在哪里，又有哪些地方做得好、值得学习，千万不能重蹈覆辙。而想要了解这些信息，只能从秦国留下来的这些律法文书中去找寻答案。只有熟悉前朝得失，自己的创业团队日后才能少走弯路，避开雷区。

事后，萧何不要财物、只要文书的举动被广为流传，使得刘邦阵营中，上自将军统帅，下至兵卒无一人不对萧何此举感到佩服。

刘邦知道后，更是惭愧万分，由衷地感慨道："萧大哥果然是个千年难遇的鬼才，幸亏我遇见了他……有他的辅佐，我何愁成就不了一番伟业？"

第五章

成也萧何举韩信

一、关中新王得民心

其实，除了萧何外，还有一人也同样对秦皇宫内的财宝和美女不感兴趣。

这个人就是张良。

他非常看不惯刘邦的作风，于是就叫上樊哙一同去劝刘邦收手。

樊哙虽是大字不识几个的屠夫，但脑子很清楚，张良一说清楚利弊，他便立刻同意张良的做法，径直冲到秦王的寝宫，也不敲门，抬脚便是一端。

刚刚与两位美丽动人的宫娥嬉戏完的刘邦此时正躺在温柔乡里呼呼大睡，正做着彩云追月的春秋大梦，突然听见一声巨响，差点没把他心脏病吓出来，猛地坐起身，怒目圆睁瞪着樊哙，跳着脚，张口便"口吐芬芳"背诵了一段绕口令式的"三字经"当作赠语，送给了樊哙及樊哙的十八辈儿祖宗。

樊哙好似根本没听见刘邦的"赠语"，对着此刻依旧在床榻上的刘邦和两位美丽宫娥的面，直言不讳地说道："你知道秦国为什么会走到今天吗？"

他不等刘邦开口，自己说出了答案："那是因为，秦国的皇子皇孙生活得太奢靡，完全忽略了天下黎民百姓的感受，整天只知道享受，欺压百姓。如果你愿意过这样的生活，我劝你还是赶紧收拾收拾回老家种地去吧！"

刘邦是个聪明人，顿时就反应了过来，立刻从床榻上跳了下来，穿好衣服，并将两位美丽的宫娥打发走了。

在萧何与张良的建议下，刘邦下令将秦皇宫里所有贵重的财物、器皿全部装箱封好，所有士兵谁也不许带走一样财物，违令者斩。

随后，刘邦、萧何、张良等则带着部队退出了秦皇宫，驻扎在了霸上。

按照先前与楚怀王的约定，谁先进入关中，击败秦军，安定百姓，谁就是关中的新王。

为了能当好这个关中新王，萧何、刘邦、张良等几位团队骨干开会决定，将咸阳城及周边各郡县里德高望重的人请来劝说当地百姓，让百姓能够接受刘邦这位关中新王。

刘邦在营帐中对着秦地的百姓代表，表情真挚地背诵着萧何与张良提前为他写好的发言稿，劝导众人说道："大家安定生活，不要害怕，我们是来解放大家的，并不是来伤害大家的。之前你们受秦朝政府的严刑峻法，苦不堪言，如今再也不用担心了。之前秦国的所有法律从此刻起全部作废。"

他顿了一顿，接着说道："按照楚怀王先前与众诸侯的约定，谁先入驻关中地区，就做关中的王。这也就是你们幸运，遇上了我这样仁义宽厚的老实人，若是遇见项羽那家伙，估计这会儿尔等早已成了他的刀下之魂……"

项羽的凶残早已传遍天下，打下一座城便屠城一座，此时众人听刘邦提起"项羽"这两个字，早已吓得连大气都不敢喘了。

而站在刘邦身旁两侧的萧何与张良暗地里却早已被刘邦威逼利诱、吓唬百姓的言辞逗得笑破了肚子。

刘邦见自己的方法起了作用，又立刻说道："现在，我也跟你们约法三章，希望你们回去后给左邻右舍的父老乡亲们都带个话，只要乡亲们老老实实、本本分分过日子，不杀人，不伤人，不为非作歹，不做偷盗抢劫的事，我刘某人绝不会为难你们，其余之前秦国的法律现在一概废除。"

众百姓代表见刘邦一番话说得如此情真意切，立刻将提到嗓子眼儿的心放了下去，纷纷向刘邦千恩万谢，回去与乡亲们口口相告，一传十，十传百。

如此一来，刘邦在秦地境内仁慈宽厚的好名声便很快传播开来。

除此之外，为了在群众中树立良好的人设，萧何与张良二人一起陪同刘邦到基层各郡县去搞慰问活动，向贫困家庭送去慰问金和物资。

秦地区各郡县的百姓纷纷夹道迎接以刘邦、萧何、张良领队的领导干部慰问团的到来。所到之处当地百姓纷纷送上酒水、肉食慰劳刘邦、萧何一行人。

但刘邦等人说什么也不肯接受。

刘邦对围观的百姓说道："我们是来解放乡亲们，让大伙过上好日子的，不是来压榨乡亲们的。大家的好意我心领了，军营里的粮草充足，大家就留着自己享用吧！"

周围的百姓听到刘邦这么说，心里别提有多高兴了，更认定了刘邦为秦地新王，祈求上苍别让那勾魂使者般的项羽来。

但天下的事，有时就是这么巧，你越怕什么，越担心什么，它越来什么。

这不，年轻的战神项羽他真的来了。

二、项羽怒杀宋义破钜鹿

刘邦并没有将子婴这个亡国之君处死，而是将他交由随行官吏看管。

这时，刘邦团队中有人主张将子婴杀了以绝后患，刘邦、萧何等却死活也不同意。

刘邦说道："我奉楚王之命来入关灭秦，现在目的已经达到，就该见好就收。子婴是秦国皇室，在秦国百姓中有很高的声望，如果我将他杀了，那么百姓会认为我是个残暴之人，以后我如何能安稳做这关中之王？"

众人听他说得十分在理，于是便再也没人动杀子婴的心思了。

成为阶下囚后的秦王子婴在生活上虽不像过去那样锦衣玉食，但也算过得安稳，每日饮食也是有鱼有肉，住的房间也算干净整洁，与妻儿之间的感情也比过去亲近了许多。

只可惜，这样的日子并没有持续多久。

因为这个时候，项羽已率领着北上救赵的大军浩浩荡荡到达了函谷关。

其实，对于项羽的到来，刘邦早有防备。

早在刚拿下关中的时候，身边的萧何、张良就曾提醒过他，道："秦国地区非常富庶，经济繁荣程度是其他地区的十多倍，而且地势险要，易守难攻。近来听说秦将章邯已经投靠了项羽，项羽没有经过楚王的同意，擅自封章邯为雍王，这无疑就加强了项羽的势力。如果他们来了，必定是虎狼之师，到那时候沛公你可能就做不了这关中之王了。倒不如从现在起就派兵严密加强函谷关的防守，以防不测，并且赶紧调动关中境内的其他部队来增援。"

刘邦觉得萧何、张良二人说得很有道理，于是立刻下达命令，依照二人计策行事。

花开两朵，各表一枝。

转过头来，我们再来说说项羽这边的事情。

项羽原本是跟随宋义率军北上去救赵国，怎么又会独自率军来到秦国境内？

——他既然来了，那么为何不见主将宋义人影？

——宋义又到哪里去了呢？

宋义当然不会与项羽同时出现。

因为，主将宋义早已被项羽割去了项上人头。

原来当日，宋义率领着部队一路行军准备北上救赵，谁知这宋义行军至安阳便停了下来，逗留了整整46天，说什么也不愿再走了。

项羽是个急性子，而且脾气也暴。

他实在搞不懂宋义的意图，于是便去找宋义当面问个明白。

当他来到宋义军帐时，却看到身为主将的宋义正在营帐中笙管笛箫，饮酒作乐。

项羽强压着心中怒火，对宋义说道："秦军正在围困赵国，眼下正是万分火急之时，我等应该尽快率军北上，与赵军前后夹击，围堵秦军，必定能将秦军一网打尽。"

宋义听完项羽的叙述后却是一脸的不在乎，完全没有把项羽说的话当回事儿，依旧我行我素。

此时正是寒冬腊月，是大雪纷飞的季节，将士们饥寒交迫，又饿又冷。

项羽见状，不由得恶从心头起，怒向胆边生，顿时起了杀念。

次日清晨，他再一次去见宋义。

这一回，他可不是去请求宋义出兵的，也没有跟宋义再废话，提着腰刀，杀气腾腾地便进了宋义的营帐。

所有的将士见他如此不知道是为何，却也没有一人敢上前阻拦。

没过多久，当项羽从宋义营帐中走出来时，手里已经多了一颗血淋淋的人头。

项羽手举着宋义的头颅，沉着脸，扫了一眼众将士，然后大声说道："宋义与齐国私下勾结，密谋泄露军机于秦国人，楚王早有察觉，因此特命我将其以私刑处决。现在宋义已死，全军便由我做统帅，尔等谁有异议？"

众将士中有聪明反应快的，顿时就明白这是怎么回事了，但大家都畏惧项羽，因此没人敢吭声发言。

此事很快便传到了楚怀王那里。

楚怀王看着小太监呈上来的前线奏章，两眼直冒火星子，后槽牙都快咬碎了，心里暗骂了项羽不知多少遍，又诅咒了多少遍。

但为了大局考虑，最后楚怀王还是咽下了这口气，依了项羽的意思，任命他为上将军，命他带领着部队继续北上救赵。

此事顿时成为大家关注的重点，似天雷一般炸开了花，震惊了九州各地所有起义的诸侯，给消沉的起义事业注射了一针强心剂。

大家纷纷派出手下得力干将，从各路出发，共同支援项羽北上救赵。

当阳君、蒲将军多次率军渡河进攻秦军的粮道，试图阻断秦军的后勤补给，可惜秦军实在过于彪悍，难以攻破。

这时赵国将领陈余派人前来请项羽尽快发兵北上。

项羽手握虎符帅印，率领着部队连夜行军到达钜鹿（今河北省平乡县西南地区一带），横渡漳河，与对岸的秦军对垒。

秦军大将章邯抵不住项羽的猛烈攻击，最后不得不弃车保帅，灰溜溜地撤军败走，而项羽则继续北上，一路暴走狂杀，进攻王翦之孙秦国大将王离的部队。

要知道，项羽的祖父项燕当年就是死于王翦的战马铁骑之下，因此项羽与王离那可算是世仇了，项羽怎会轻易错过这报仇雪恨、一雪前耻的机会？

由于项羽所带领士兵人数只有区区5万，远少于王离手下的兵卒40万大军，加之这一路行军打仗，将士们早已疲惫不堪。

因此，项羽带着楚国军队渡过漳河以后便即刻安营扎寨，让所有将士吃饱喝足，每人再随身携带3天的干粮，之后便下令："皆沉船，破釜甑。"

这句话的意思就是让士兵们将所有渡河的船只及锅碗瓢盆全部损毁砸烂，并将所有营帐全部一把火烧个精光，使自己这一方完全没有任何退路可言。

项羽用这种极端的方式来激发士兵们的斗志，暗示大家已无退路可言。

这便是成语"破釜沉舟"的典故及由来。

项羽率领的楚军因此被激发了昂扬的斗志，以一当十，奋勇杀敌，杀伐之声震破了天地，酣战了几个回合，双方打得天昏地暗，日月无光。

正在这时，各国的起义军也纷纷赶到，与项羽的楚军联合，从不同方位一同进攻秦军。

秦军四面受敌，瞻前顾后，应接不暇，秦将王离的部队此时已是困斗之兽，最终被项羽一方军队所击破。

楚军斩杀秦军部将苏角，活捉主将王离。

而秦将涉间因不愿向楚军投降做阶下之囚，最后自刎而死。

至此，钜鹿之战便由此结束。

大破秦军之后，项羽便立刻在军营门外召集了各路诸侯国将领。

众将领此时被项羽的勇猛所折服，无不佩服，纷纷下跪，以拜叩君王之礼跪见，满口都是对项羽的称赞膜拜之词。

这么一来，本就心高气傲的项羽瞬间就飘了，完全把自己当作了无冕天子，根本不把之前叔叔项梁立的楚怀王当回事，自顾自地做了众诸侯的统帅。

这时，秦国大将章邯派人与项羽讲和，但项羽此时已不将任何人放在眼里，根本拒绝与章邯谈条件，随后双方又有多次交战，均以章邯战败而告终。

一边得不到老东家秦朝廷的支援，另一边又不断地遭受前线项羽军队的攻击，使得章邯焦头烂额，夜不能寐，左思右想之后，实在无路可退的他还是决定派人与项羽谈判。

于是，双方约定见面，并相互签订了和平条约，算是暂时握手言和了。

　　章邯向项羽哭诉着太监赵高把持朝政、祸乱朝纲的无耻行径及使得自己落到如丧家之犬般的境遇。

　　项羽俯视着跪在地上如小孩子般哭诉的章邯，心里却已快笑破肚子了。

　　他封章邯为上将军，带领着秦军部队打头阵，行至新安（今河南省义马市石河村与渑池县塔泥镇之间）。

　　这时，项羽一方共俘虏了20多万秦军将士。

　　如此庞大的数量令项羽担忧，万一自己率领的军队进入秦国领地，与秦军交战之际，这些俘虏突然倒戈，对楚军来个回马枪那就麻烦了。

　　他与手下将领英布、蒲将军二人商议此事，想找出一个绝妙的解决方案。

　　经过一番商议，项羽最后决定，挖个大坑将这20多万秦军俘虏全部活埋，一了百了。

　　挖坑活埋秦军当日，大坑旁的秦军人人鬼哭狼嚎，怨声震天，听得人撕心裂肺，不忍直视。

　　而项羽则是一脸平静，气定神闲地看着眼前这20多万条人命惨死于土坑之中。

　　在他眼中，眼前死的仿佛不是活生生的人，而是牛羊般的畜生。

　　于是，数以万计的无辜亡魂就此诞生。

三、鸿门之宴

在解决了赵国之困与钜鹿之围这两大难题以后，项羽就如同天神附体一般，雄赳赳、气昂昂地率各路诸侯兵马共计 40 余万，一路高歌猛进，来到了函谷关关口。

按照项羽对刘邦的实力估算，那位刘某人带着那么一丢丢的兵力都不够给秦军塞牙缝的，怎么可能攻破函谷关？

但可惜的是，他估算错了。

他率领大军刚到函谷关（今河南省三门峡市灵宝市函谷关镇王垛村）关口，就吃了一碗刘邦为他煮好的闭门羹。

刘邦的兵卒在关口哨兵塔上三步一岗，五步一哨，将整个关口封得严严实实，连只苍蝇都飞不进去。

项羽命手下兵卒上前喊话，让把守关口的兵卒开门。

谁知，传话的小兵刚靠近关口就立刻被哨兵塔上卫兵毫不留情地射成了马蜂窝。

项羽见状顿时大怒，一时间也顾不得自己那贵族的身份了，"口吐芬芳"一口气送给刘邦四马车的骂人"三字经"，直到口干舌燥，嗓子眼儿都冒血丝了才算停止。

但项羽可没就此拂袖而去。

他可不是如此轻易认命的人。

他命手下将领英布领一队人马从侧翼绕小道偷袭刘邦的守关

兵卒。

英布没让项羽失望，一击得手，带领着小部队顺利推倒了函谷关关口的哨兵兵塔，引项羽大军进入函谷关内。

项羽带着40多万军队驻扎在戏水之西的于新鸿门（今陕西省临潼县东十七里，附近有鸿门堡）与驻扎在霸上（今陕西省西安市东南白鹿原北首，蓝田西）的刘邦、萧何、曹参、张良、樊哙等人恰巧成了对垒之势。

这下可把刘邦吓得够呛，如同惊弓之鸟一般，时时刻刻都战战兢兢。

毕竟自己现在的实力远不及项羽，若真打起来，肯定会像面团一样被项羽按在地上反复揉搓。

赶巧不巧，这时候，刘邦的左司马曹无伤派去的探子回报说，项羽现在已怒发冲冠，正与手下将领们开会商议准备将刘邦等人挫骨扬灰，五马分尸。

显然，曹无伤现在心思早已动摇。

他很清楚项羽的厉害，因此早有做墙头草的想法，准备出卖刘邦，投靠项羽，保住自己的老命。

于是，曹无伤立刻派人去见项羽，在项羽那里一顿胡吹乱侃，煽风点火，说刘邦已准备在关中地区称王了，而且准备让已退位的秦王子婴做丞相，并且将秦皇宫内的所有奇珍异宝、美女宫娥全部占为己有。

项羽有一个亚父（古代一种对于年长者的尊称，意思是地位仅次于自己的亲生父亲，类似于后世的"义父"或"干爹"之类），名叫范增，在项羽集团中是位德高望重的人物，长期辅佐项羽。

这个时候，他劝说项羽道："刘邦此人乃刁民出生，狡猾奸诈，如今，又多了萧何与张良这样诡计多端、城府极深的恶徒辅佐刘邦那厮，倘若不将他们一一除去，以绝后患，日后必成大患。"

项羽一听，觉得甚是在理，于是便准备次日调齐兵力与刘邦一战。

这时候，项羽手下加上各路诸侯联军的兵力共有 40 万之多，但对外号宣称则是百万雄师，而刘邦手下这时候杂七杂八凑到一起也不过勉强达到 10 万的兵力，却对外宣称是 20 万。

这实力悬殊的一战在刘邦等人看来是在所难免了。

但天下事永远没有"绝对"二字一说，凡事总有利弊，正如同宝剑有双峰一样，所谓，山重水复疑无路，柳暗花明又一村，也是这个道理。

任谁也没有想到，就在这剑拔弩张的时候，项羽的叔伯项伯却趁夜偷偷摸地去见了昔日的好友张良。

项家与张良交情匪浅，昔日的项梁，如今的项伯都是如此。

眼看项、刘两军大战在所难免，一触即发，项伯不忍看到昔日的好友变成刀下之魂，因而特地连夜赶去见张良，势必要将其带出来，以免遭遇不幸。

可等他见到张良，将其中前因后果讲明白之后，张良却说道："我与刘邦、萧何等人交情匪浅，如今你叫我抛下他们独自一人逃生，我实在做不到。"

项伯说道："可是，以刘邦目前的兵力是完全抵挡不住项羽的，到那时，他必定会成为刀下亡魂，而你作为他阵营的谋士军师也难逃一死。你我多年交情，我实在不忍心看着你惨死呀！"

张良沉吟片刻，忽然眼前一亮，道："有了，你跟我来，我带你去见刘沛公。"说罢，便不由项伯分说，拉着他出了屋子，急匆匆去见了刘邦。

刘邦在听完张良的叙述之后，立刻发起了愁，道："这该如何是好？如今我刚在关中站稳脚跟，若就这么放弃了，恐怕日后要永远被项羽碾压，但倘若与项羽一方硬碰硬又必定是输。"

张良笑着道："不用担心，我心中早有一计。"

刘邦道："哦？"

智多星张良真不愧对这"智多星"的名号。

只听他解释道："我们只要给项羽写一封信叫人送去，告诉他我们绝没有做'关中之王'的想法，并告诉他秦皇宫的金银珠宝我们也一个子儿没动，回头就给他送过去。如此一来，相信项羽必定会打消与我们开战的想法，而从长计议的。"

刘邦一听，觉得张良说得在理，但是一时间又拿不定主意，于是向一旁的萧何看去。

只见"大管家"萧何气定神闲地冲他点了点头。

　　这个意思很明显，萧何也同意张良的方法。

　　于是，三人便开始琢磨如何写一封让项羽看了后会毫不犹豫停止进攻的信。

　　经过一番研究和讨论，三人最终将这封信写完，并命手下人立刻马不停蹄地送到了项羽手中。

　　项羽在看完由刘邦派人送来的书信后果然暂缓了对刘邦开战的计划。

　　而一旁的范增见状却是急得都要跳蹦子了。

　　他捶胸顿足地对项羽说道："绝不可轻信刘邦这厮的花言巧语，这一定都是他和萧何、张良等人商量出的'缓兵之计'，切莫上当啊！……"

　　项羽道："亚父请放心，我心中已有打算。明日我就大摆筵席派人去请他来，当面给他个下马威，逼他就范，他若不从，我便有理由当众杀之而后快。"

　　次日，项羽按照计划在军营中大摆筵席，叫人去请刘邦。

　　没想到刘邦居然按时赴约前来了。

　　其实刘邦在接到项羽发来的邀请函时，可是左右为难，举棋不定，挠破了头皮。不去吧，等于送给项羽一个师出有名的借口，对自己光明正大地出兵动武；去吧，又怕这是项羽设下的圈套，就等着守株待兔，自己自投罗网，他好关门放狗，把自己直接杀了，到那时候该当如何？

　　最终在萧何与张良的合理分析下才决定铤而走险，赌上一把。

为了保险起见，足智多谋的张良和勇猛的樊哙两人与刘邦以及一百多名骑兵护卫一同前往赴宴。

刚一进项羽的宴会营帐，刘邦、张良、樊哙三人便见到营帐中央坐着一位如铁塔般高大健壮、威风凛凛的青年男子正在与身旁一位银发白须的老者说着话，二人谈笑间似乎早已忘记了旁人的存在，更没有向刚进来的刘邦、张良、樊哙三人的方向看一眼。

这二人不是旁人，正是有"战神"之称的项羽与老谋深算的亚父范增。

此外，营帐中还坐着昨晚前来给张良、刘邦通风报信的项伯。

刘邦见此也不觉得有任何尴尬，转身先冲樊哙使了个眼色，意思是让樊哙在营帐外守候。

樊哙立刻会意，转身便旁若无人地出了营帐。

待樊哙走后，刘邦便立刻施展了自己过去混江湖、老油条的那一套，立刻上前向项羽和范增先是谄媚地一笑，之后恭恭敬敬地又深施一礼，令人感到无比的卑微。

直到这时，高傲的项羽和亚父范增二人才算是将眼睛瞧向了刘邦与张良，眼神中充满了鄙夷的意味，但这些对于刘邦、张良来说根本不算什么，他们是缓兵之计，来的目的是麻痹项羽，只要达到了这一目的，其他方面吃点亏就不算什么了。

筵席中刘邦不断地说着夸赞项羽的言辞，就像一个溜须拍马的下属在恭维自己的上司一般。

而项羽虽依旧是一脸傲气，但明显对刘邦这一番溜须拍马言辞很受用，脸上时不时露出微微的浅笑。

亚父范增对刘邦这套油嘴滑舌的言辞倒是嗤之以鼻，直接将头低下，独自饮酒，连看都不愿多看对方一眼。

只听刘邦对项羽说道："我和将军奉怀王之命分头与秦军作战，将军挥师北上救赵，我则带兵前往关中，一路小心翼翼，险象环生，不知不觉就赶在将军之前进入了关中。"

他一脸委屈，哀怨地接着说道："我刘季出生于草莽，自知能力有限，不懂如何治理百姓，因此进入这关中之后也一直没有称王，而那秦皇宫内数不尽的翡翠珠宝和美女宫娥更是从来不曾动过，这一切都是为了要等着将军您来了之后再作定夺，可也不知道是哪个小人在背后煽风点火，跑到您面前造谣一番，说我要做这关中之王并独吞那些翡翠珠宝……"

说着说着，刘邦居然把自己给说哭了，一个劲儿地抹着眼泪，活脱脱似个委屈的小女子一般。

殊不知，这全都是萧何、刘邦、张良三人提前设计好的情节，而刘邦只不过是照着剧本演戏罢了。

项羽见状态度有了很大转变，顿时软了下来，连忙解释道："这都要怪你的左司马曹无伤给我传递的信息，说你要做汉中之王，还要将从秦皇宫里取得的财物全部占为己有，要不何至于此呀！"随口便将冒险送情报的曹无伤从里到外地出卖了。

亚父范增却被项羽这句话惊得差点犯了心脏病，当场"呕"一嗓子抽死过去。

他怎么也没想到，项羽竟会犯如此低级幼稚的错误。

刘邦与张良二人听罢，顿时相互一对眼，便已心领神会，但丝毫没有表现出来，纷纷向项羽、范增等人敬酒，似什么事也没发生过一样。

此时，筵席排座是项羽与项伯二人朝东面而坐，范增朝南而坐，刘邦朝北而坐，张良则朝西而坐。

项羽多次举起酒樽请刘邦喝酒，二人把酒言欢，好不快活。

亚父范增却已在一旁用尽各种方法，甚至拿出了自己怀中的玉佩来向项羽发出暗示的信号，示意他该对刘邦动手了。

可奇怪的是，项羽却始终对范增的暗示无动于衷，急得范增抓耳挠腮，恨不得亲自冲到刘邦面前给他一剑。

最后，范增干脆也不顾礼数了，长身而起，独自走出了筵席的营帐，将此刻在营帐外的项庄，也就是项羽的堂弟（也有说是项羽的堂兄）带进了营帐。

四、项庄舞剑

众人见状纷纷安静了下来，看向范增与年轻力壮的项庄二人。

只听范增解释道："诸位只喝酒吃肉未免太无趣了，项庄自小拜访名师练就一身精湛剑术，借着诸位酒兴正浓，不如就让项庄来为诸位舞剑助兴如何？"

喝酒舞剑助兴这种事，在没有电影，也没有 KTV 及各种现代娱乐场所的古代，当然是一件非常有趣的事情。

所以，当范增提出要让项庄舞剑来为筵席助兴时，众人自然而然也没有反对。

因此，项庄接下来便自然而然地开始舞起了手中的三尺长剑。

他自小习武，尤其在剑术方面颇有造诣，曾拜在不少当世的剑法名家门下苦学剑术。

"剑"作为冷兵器时代的重要武器之一最早起源于商代，最初材质为青铜，形状较短，以柳叶与锐角三角形两种较为常见，乃为短兵器之祖。

因携带方便，佩戴起来富有神采，故而上自历朝历代的君王，下至文人侠士，无不以持剑为荣。

而剑术则又分为刺杀与技艺两种，讲究的是跨左击、跨右击、翼左击、逆鳞刺、坦腹刺、双明刺、旋风格、御车格等招式变化，挥舞起来，潇洒飘逸。

在《吴越春秋》卷九和《庄子·说剑篇》中均有对古代击剑的技术和战术的讲解。

而此时，项庄的剑术更是令人叹为观止。

只见他招式凌厉，时快时慢，密如蛛网，剑气纵横间犹如长虹万里，又似雷霆万钧，虚实相交，招招都充满了杀气，令旁观者肉眼难以分辨的同时又有些毛骨悚然。

尤其中间有几剑分明是冲着刘邦的咽喉而去的，要不是在最紧要的关头项庄几次及时地变换招式，刘邦的性命早已丢了。

显然，范增与项庄这是想借着舞剑助兴的由头找机会除去刘邦。

刘邦虽出身于市井，一身痞气早已根深蒂固，再吓人的场面他都见过不少，但此刻，在面对营帐中舞剑的项庄时，他还是不免害怕了起来。

只要是人，在这种时候都不可能不被吓住。

张良在一旁更是看得心惊肉跳。

他虽曾经策划过刺杀秦始皇的计划，但那毕竟不是他亲自上手，骨子里他终究还是一个文人，面对如此真刀真枪的场面也是束手无策。

只有项伯是个例外。

他对项庄很了解，对他的剑术更了解，所以他并不害怕。

他唯独只担心一件事。

万一项庄真的一剑将刘邦刺死了该当如何？

要知道项伯表面上还是与自己的侄子项羽一个阵营，但私下却已与刘邦、张良结了盟。

而且刘邦为了拉拢项伯还特意与他结成了儿女亲家。

古人非常重视诺言，背信弃义的人被视作“小人”，会被周围的人所不齿。

一旦某个人因背信弃义被视作了"小人"，那么这个人今后的前途就算到头了，因而古时才有"一诺千金"的说法。

所以项伯绝不能眼睁睁看着亲家被自己侄子刺死。

说时迟，那时快。

眼看项庄又向刘邦刺出了一剑，这一剑比先前明显带着更浓的杀意。

就在这千钧一发之际，项伯忽然长身而起，顺手抽出腰间的佩剑，一剑刺向了项庄。

项庄完全没有料到自己的叔叔会来这么一招，下意识收剑，向后退了半步。

也就是借着这个空当，项伯连忙跳到了营帐中央，用身体挡住了项庄，使其不能再靠近刘邦一步，并大笑着说道："舞得好，舞得妙！来，好侄儿，叔叔与你共舞一段！"说罢，也不管项庄愿不愿意，自顾自地当众挥剑舞了起来，神情看起来十分惬意陶醉。

坐在主位上的项羽此时已开怀大笑，忘乎所以了。

一旁的亚父范增却急得两眼直冒火星子，嘴巴里的牙齿都快咬碎了。

刘邦这个时候却已急得直冒冷汗，不断地向张良挤眉弄眼，发出求救信号。

张良也是急中生智，借着上厕所的空当找到了在营帐外的樊哙，将他拉到一旁没人的空地，将整件事情的前因后果都小声告诉了他。

五、放虎归山

樊哙一听，当时就火了，立刻虎目圆睁，撸胳膊，挽袖子，手臂上的青筋暴突，提着刀不管也不顾，径直冲入了营帐之中。

刘邦是他的大哥，他能有今时今日的地位全是刘邦这位大哥给他的，如今大哥有难，他怎能袖手旁观？

众人见到樊哙一副要吃人的样子，顿时安静了下来，就连"战神"项羽都不免被樊哙凶恶的样子吓了一跳，随即问道："来者何人？竟敢擅自闯入我的营帐！"

其实他当然知道樊哙是跟着刘邦与张良一起来的，却误以为樊哙只是刘邦身边的护卫，而说这句话也是为了提醒樊哙，身为护卫，就应该做好分内之事，怎么可以在没接收到命令之前擅自闯入设宴的营帐？

但樊哙本身是粗鄙的屠夫出身，根本不会顺着项羽这种贵族公子的脾气，直勾勾瞪着坐在主位上的项羽，仿佛随时都有可能暴吼一声，冲上前去与其拼命。

张良这时也走了进来，连忙向项羽解释道："这位是刘沛公随行的驾车人樊哙。"

听了张良的介绍后，项羽又上下仔细打量了樊哙一番，见樊哙一身莽荒野兽般的凶恶气息十分震慑心魄，一点儿都不像是个车夫的样子，于是便赐座于樊哙，并赏了一块血淋淋的生骨头与满满一大碗酒给樊哙。

这显然是故意为难樊哙。

谁知，樊哙一点儿也不在乎，一手抓着血淋淋的生骨头，一手端着酒碗，是左啃一口肉，右喝一口酒，一个人沉浸其中，吃得津津有味，丝毫不在意周围人惊愕的目光。

这一幕真是震惊了项羽，令他不由得连连称赞。

没想到，樊哙却借机对项羽说道："我是一个粗人，不懂什么规矩，有什么话我就直接说了。按照之前楚怀王与各路诸侯、将领们的约定，谁先入函谷关，将这里安定下来，谁就做函谷关的新王。如今，我家沛公进入这函谷关，除了与秦军交战外，没有动过这里的花花草草，老老实实、本本分分驻扎在霸上，等着将军您的到来。可谁曾想，将军您不仅没有对我家主公进行任何封赏，反而随随便便听了某些小人的谗言就认为我家沛公要与您分庭抗礼，这真是天大的冤枉呀！"

听了樊哙的话，项羽顿时语塞，一时间竟无言以对，不知该说些什么。

然而就在这个时候，刘邦突然跳起来，冲到樊哙面前，二话不说，抬手就是一巴掌，重重地扇在了他脸上。

樊哙对刘邦这一巴掌完全没有防备，顿时被打得两眼直冒金星，牙齿也被打掉了一颗，嘴角挂着鲜红的血丝，腮帮子瞬间跟发面的包子似的又红又肿。

接下来，就见刘邦生拉硬拽地将樊哙拖出了营帐，嘴里骂骂咧咧一直不停用"三字经"和"千字文"来问候樊哙的祖宗十八代，直到两人离项羽会客的营帐很远了才算停止。

但这个时候的刘邦脚下却不敢停，一直拽着樊哙向茅厕的方向走去，一边走，嘴里一边小声对着樊哙说道："对不住兄弟，刚才我都是缓兵之计，你千万别怪我。"

樊哙捂着又红又肿还流着血的脸，说道："没事，我都明白。"

刘邦道："明白就好。"

两人说话间已经进了茅厕。

樊哙乘机劝刘邦赶紧逃走。

刘邦却有些犹豫。

就在这个时候，只见智多星张良急匆匆也进了茅厕。

还没等刘邦与樊哙二人开口，他已经抢先对二人道："事不宜迟，你俩赶紧逃，再耽搁下去，范增那老家伙可能就要有新动作了。"

刘邦还是觉得有些不妥，道："如果我就这么走了，那岂不是让范增、项羽对我起了疑心？眼下项羽刚被我说服，如果在这个节骨眼上……"

总之，刘邦这句话的意思就是不辞而别，有些不合礼数。

张良打断他，说道："别再犹豫了，后面的事有我来处理，你俩赶紧走！"

见张良说得如此坚决刘邦也只能如此了。

于是，在樊哙的护卫下，刘邦翻过项羽军营外围的护栏，沿着小路进了树林，上了一辆早已等在那里的马车。

这赶车的车夫不是别人，正是不惜冒着被刘邦斩杀的危险救下汉惠帝与鲁元公主的夏侯婴。

当然，这都是后话，这里放下暂且不谈。

刘邦、樊哙二人一上车，夏侯婴便立刻扬起手中马鞭，驾着马车飞奔而去。

营帐中久久不见刘邦、张良、樊哙三人回来的范增终于坐不住了，向项羽道："那刘季生性狡猾，出去这么久还不回来，莫非是正在设法逃跑？"

项羽一听，觉得范增分析得十分有道理，于是立刻吩咐手下卫兵，道："赶紧去看看刘季等人是否还在军营之中。"

他话音刚落，就见张良人已经从外面走了进来。

项羽一见只有他一人回来，便问道："怎么只有你一人？刘沛公与那位樊壮士呢？"

张良不慌不忙，向项羽及众人先是一拱手，缓缓地说道："实在抱歉，刘沛公因不胜酒力已与樊壮士二人先行回去了。"

范增一听到刘邦走了，当下便重重拍了一下面前的桌儿，气得半天说不出一个字，坐在一旁不停地直摇头。

项羽听罢，一皱眉，道："既然要回去，为何不来与我告别了再走？"

张良面不改色心不跳地回答道："刘沛公原本也是这个意思，但我见刘沛公面红耳赤，走路摇摇晃晃，说起话来也有些语无伦次，显然已有了八九分的酒意，若再来与将军您告别，万一没忍住，当众吐了，恐怕会扫了将军与诸位欢庆的雅兴，所以便让樊壮士带着刘沛公先回去了。"

他说着，便从衣袖中掏出了一块做工精美的白玉，道："这是刘沛公临走时托我转交给将军您的，说是送予您的礼物，希望借此能化解彼此之间的误会，等改日还会将秦皇宫内的奇珍异宝与美女宫娥全部给您送来。"

项羽接过张良手中的礼物，豁然开朗，大笑道："刘沛公多虑了，我其实一点也没有怪罪他的意思，今日请他来就是想把误会解开，化解矛盾，他怎么说也是我结拜的大哥嘛，我哪里会恨他呢？"

张良一见时机成熟，立刻道："既然如此，那在下也就不再逗留了，这便回去传达将军您的意思给刘沛公听。"

项羽笑道："好啊！那就不送了，慢走。"

待张良走后，亚父范增才终于将胸中的一口闷气吐了出来。

只见他用手里的拐杖一边重重地戳了好几下地面，发出"笃笃笃"的一连串声响，一边又重重地叹着气，道："放虎归山……这是放虎归山呀！"

项羽却丝毫没有反应，依旧观赏把玩着手中的美玉。

在他看来，刘邦是真的忌惮于他，否则也不会这么狼狈而去，还叫张良来替自己解释。

所以，这一局项羽认为自己当然完胜于刘邦，而今后想必他也不敢与自己叫板。

范增见状更是生气，上前一把将项羽手中的美玉给夺了过来，顺手又将其与自己之前拿来做暗示的那块玉器一同摔在了地上，并夺过身旁项庄手中的利剑，抬手一剑将两块美玉一同斩断。

项羽忙道："亚父，您这是做甚？"

范增伸出因发怒而颤抖的手指，指着项羽骂了一句："唉！竖子不足与谋。夺项王天下者，必沛公也。吾属今为之虏矣！"

成语"不足与谋"这四个字便出自于此。

六、休养生息

项羽做事是个经常比别人慢半拍的人。

虽在鸿门宴上放走了刘邦，但自那日之后他心里一直憋得慌，觉得很不舒服，总想找机会发泄一下。

这一想法也为日后的楚汉战争埋下了祸根。

自项羽进入关中后，整个关中地区就立刻变了天，而秦王子婴的日子也算到头了。

在项羽的心中，对秦国那是恨之入骨，而现在这种恨意依旧在延续，甚至转嫁到了所有生活在秦地的普通百姓身上。

他带领着大军浩浩荡荡一路西进，似蝗虫糟蹋庄稼一般一路虐杀秦地百姓，搞得生灵涂炭，人人避之不及。

进入咸阳城后项羽更是疯狂，做的第一件事便是将秦王子婴像牲畜一般拖至大街，当众斩首祭旗。

可怜那秦王子婴以这样悲惨的方式离开了人世。

近代演义小说家、史学家蔡东藩在《前汉演义》中对子婴做了品评。

他在文中写道："子婴不动声色，能诛赵高，未始非英明主；假使秦尚可为，子婴得在位数年，兴利除害，救衰起弊，则秦亦不至遽亡。然如始皇之暴虐，二世之愚顽，岂尚得传诸久远？子婴不幸，为始皇之孙，贤而失位，且为项羽所杀，祖宗不善，贻祸子孙，报应其果不爽欤！"

杀了秦王子婴之后，项羽又焚烧了秦皇宫，大火连绵足足烧了三个多月，并将所有搜刮来的宝物与美女全部准备带回老家江东去。

这时，身旁有明白人劝说道："关中地区富饶，若将军留在此处发展，将来必定能够成就一番霸业。"

但项羽对此不以为然。

他只想带着大批的宝物与美女宫娥回到老家江东去慢慢花，慢慢享用，至于秦地是不是发展事业的好地段，他则一点儿也不关心，不能衣锦还乡才是他最大的遗憾。

进言献策的人见项羽根本不听自己的，不由得叹息一声，道："都说楚人残暴粗野，不懂谋划，如今看来果真如此。"

这人本想用一番言辞激项羽回心转意，不料项羽却会错了意，认为对方是有意侮辱自己，一气之下，便将对方给杀了。

随后，项羽派人去向远在千里之外的楚怀王请示接下来的安排。

他此举是希望楚怀王能够改变之前与众诸侯将领的约定，重新规划。

但楚怀王却不傻，他早已看出项羽的心思。

自从他被项氏叔侄奉为楚王之后，就一直受这叔侄二人的控制，如今项梁已死，他哪还能再受项羽的摆布？

于是，楚怀王便对项羽派来的人回复道："自然得按照之前与众诸侯将士所约定的来办了。"

项羽知晓后大发雷霆。

他怨恨楚怀王，认为楚怀王此举是有意针对自己。

回想起当初楚怀王不肯让自己率军进入关中，而是派自己跟随宋义北上救赵，结果被刘邦这老小子钻了空子，占了"怀王之约"的便宜，使自己没能率先入秦，抢得先机。

但他项羽可不是个听之任之的顺毛驴，既然楚怀王有意要针对自己，那么他自己也就没必要再拥护这个傀儡君王了。

于是，项羽对身边的人说道："楚怀王是我叔父项梁拥立的，他自己文不成，武不就，有什么资格来与众诸侯做约定？平定天下，击退秦军的本就是诸位将领和我项家，凭什么受他的制约？"

随即便篡改"怀王之约"，假意推崇楚怀王为"义帝"，并自封为西楚霸王统治梁地、楚地一带的九个郡县，建都彭城。

此外，项羽名义上依旧按照"怀王之约"封刘邦为汉王。

如此一来，表面上并没有违背当初的"怀王之约"中的谁先入关中谁就做关中之王的约定，实际却将整个秦地分为了四份，将当时秦地最偏远的巴郡、蜀郡两地分给了刘邦，而将之前从秦国投降过来的章邯封为雍王；司马欣封为赛王；董翳封为翟王，三人共同与刘邦将秦国分成了四份，以此来制约刘邦。

刘邦得知此事后大怒，气得肝都疼。

他本想与项羽来一场酣畅淋漓的对决，怎奈自己的兵力实在太弱，号称有 20 万人马，实则只有 10 万左右，这点儿人估计给对方塞牙缝都不够。

正在这时，大管家萧何和"智多星"张良劝慰他暂且先隐忍一段时期，就按项羽分配的来做，先带兵入蜀地，休养生息，届时可以广招人才，待时而动，一旦时机成熟，再出蜀与项羽一决高下。

萧何道："蜀地虽偏僻，人烟稀少，却是地形险要，易守难攻的好地界，而且那里土地肥沃，正是适合耕田、储备军粮的绝佳去处。"

张良道："项羽阵营中还有项伯在，我们不如给他些真金白银，让他在项羽面前多说些好话，争取让项羽将汉中地区也划分给沛公。"

萧何赞同道:"不错,汉中地区是从蜀地进出关中的咽喉要地,如果能将此处拿过来,日后必定能起到大作用。"

刘邦点点头,道:"好,那这么办吧,我等即日便启程进入蜀地。"

七、萧何月下追韩信

刘邦手下的一些将领听说要被赶到偏远地区,于是就起了动摇之心,接二连三地离开了刘邦阵营。

对此,刘邦本人也是有苦难言。

只有萧何与张良二人表现得很淡定,根本没有当回事。

张良通过贿赂老友项伯,劝说其在项羽面前不停地游说,终于项羽被说服,同意将汉中地区也划分给刘邦。

如此一来,刘邦将秦地咽喉要塞控制在了自己手里。

就在刘邦、萧何、张良一行人收拾好行李准备要赶往封地巴蜀之时,却忽然出现了一位从项羽阵营脱离,赶来投奔的年轻人,名叫韩信。

这对于刘邦、萧何、张良等人来说可是一件大好事。

韩信年纪虽轻,但经历十分坎坷,从小家境贫困,常常吃了上顿没下顿。

若是换了旁人总该绞尽脑汁想办法挣钱找活路,可韩信却不同。

他天生就是个志比天高的人，坚信自己这一生一定能成就一番大业。

家境都这般落魄了，他也不肯自降身段去挣钱谋出路，而是整天在亲朋好友家挨个蹭饭，以至于最后所有的亲人朋友见了他就烦，没有一个好脸色。

就连大街上整天游荡、无所事事的小混混也来羞辱他，让他钻自己的裤裆。

可韩信对这些都好似无所谓，依旧气节不减，忍辱负重地顽强活着。

后来，陈胜、吴广起义造反，天下一片大乱，项梁、项羽叔侄俩带兵抗秦经过韩信所在的郡县时，韩信就义无反顾地投身了军营，跟着项家军东征西伐。

这期间，韩信曾多次找机会向项羽献言建策，可是都被项羽否决了。

据史料记载，韩信这个时候在项羽的军中只不过是一个卫兵，站岗放哨有他的份，出谋划策谁会理他？

项羽不但没有采纳韩信的建议，反而还用言语冷嘲热讽地羞辱他。

胸中本有百万雄师的韩信得不到上级的信任，时间久了心里实在憋屈，渐渐就对项羽失去了信心。也许是上苍恩赐怜悯，也觉得他韩信今生命不该如此。

也就在这个时候，刘邦的出现又重新点燃了韩信的希望。

俗话说，良禽择木而栖。

想要将自己的满腹才华发挥出来，也是需要好的平台。所以韩信果断地脱离了项羽的阵营，只身前来投奔刘邦。

对于刘邦来说，在这个时候能有人愿意投奔自己当然是一件好事，尤其是从项羽阵营中过来的。

可是韩信在项羽那里也只不过是个小小的兵卒而已，能有什么高深的本领？刘邦实在看不出，萧何、张良等人也看不出。

但既来之则安之，人家既然有心要投奔自己，自己总不能将其拒之门外、置之不理吧？将来若是传了出去，以后谁还敢来投奔自己？

在与萧何、张良等人商议过后，刘邦决定先暂时给韩信安排一个可有可无的小官做，想先观察一段时间再说。

这个结果可是离韩信心目中的期待差了十万八千里，可这个时候他总不能再跑回到项羽身边去，唯有静观其变等待机会发挥自己的才华。

可事与愿违，来到刘邦军队中没多久的韩信就犯下了一桩大罪，至于究竟犯了什么罪，史料中并未提及，所以也无从考证。

按照当时的军法，韩信可是要被判死刑砍头的。

可是，韩信却偏偏活了下来。

这得感谢刘邦的御用马夫、官位太仆的夏侯婴。

当时夏侯婴是监斩官。

　　韩信在刘邦军营中待的日子短，也没什么过硬的关系，所以也就没人帮他求情说好话。

　　同案的其余13人都被砍了头，轮到韩信时，韩信急中生智，大喊道："汉王刘邦不想也不打算得天下吗？为什么要杀掉能助他得天下的壮士？"

　　这话被夏侯婴听见了，心想："韩信这临死之人口气不小啊！"便忍不住仔细端详了一下韩信的相貌。

　　只见韩信身姿伟岸挺拔，浑身上下透露着一股近似于燕赵北国慷慨之士的英雄气息，足以摄人心魄，于是连忙叫停了刽子手，留了韩信的一条性命。

　　既然没有死，韩信就抓住了机会推销自己，在夏侯婴面前滔滔不绝地来了一番高谈阔论，惊得夏侯婴下巴都快掉了，半天说不出一个字。

　　夏侯婴觉得韩信非寻常之人，转头便向刘邦推举了韩信。

　　刘邦对自己兄弟当然十分信任，夏侯婴既然觉得韩信不错，那就肯定没问题。

　　但一个死刑犯突然被封大官，恐怕军中会有人不服。

　　因此，这回刘邦将管理粮草仓库的职责交给了韩信，想继续观察他一下。

　　韩信当然不会就此作罢，既然夏侯婴不好使，他就再找别人。

　　经过一段时期的仔细观察打听，韩信最终将目标瞄向大管家萧何。

如果连萧何最后都无能为力的话，那么他就真的死心了。

其实，这段时间，萧何也一直在静静地观察着韩信。

作为此时刘邦集团中的绝对大管家兼刘邦的经纪人，他不能错过任何一个能助刘邦壮大变强的人才，同样也不能放过任何一个假借投靠之名混进组织里的奸细。

令他没想到的是，韩信居然会主动找上自己。

这样也好，趁此机会仔细探探这年轻人的底，究竟是满腹经纶，还是一肚子杂草，只有聊了之后方能知晓。

这不聊不知道，一聊起来令萧何震惊不已。

这韩信年纪虽轻，但谈起用兵对战，那真可以称作导师级的专家了，《孙子兵法》《三十六计》……任何一本已有的兵书战策这位年轻人都能倒背如流且掌握其中的精髓。

他的军事知识已经远远超出了世人的知识面，让萧何这样一个自小就博览群书的高学历知识分子听得目瞪口呆，中间有几次想插话发表一下自己的想法，但又怕说错在韩信面前出丑，最后只能点头如捣蒜，连连拍手称奇。

但萧何是个谨慎之人，不可能只通过一次谈话就被韩信给洗脑了。

他担心韩信只是纸上谈兵，毕竟以韩信的年纪是不可能知晓这么多的。

要知道韩信投靠刘邦这会儿也不过才 25 岁左右，比项羽还小一两岁。

如此年轻就有如此尖锐的用兵战略思想，也难怪萧何会对他有所怀疑。

于是，在这天之后，萧何便经常主动约谈韩信。他想从多方面，多角度去深刻了解韩信，以免看走眼。

如果韩信真是一位千年难遇的"兵仙"他自然绝对不会错过，并立刻向刘邦推荐；如果韩信是个沽名钓誉，只会嘴上吊书袋、跑火车的超级大忽悠，那么通过自己这接二连三车轮式的约谈后，自然就会露出马脚，是骡子是马一遛便知。

我们今天都知道韩信用兵非常厉害，他是真正的"兵仙""神帅"，是号称"战神"的项羽生前真正的克星。

韩信不仅从用兵的策略、战略等多方面分析了刘、项双方此刻的优势及缺点，还用沙盘推演了一番将来当面临残酷战争时该如何破解的策略方法，分析得头头是道。

几番交谈下来，智商180的萧何已经对眼前这位年轻人刮目相看，就差让韩信给他签名了。

韩信慷慨激昂演讲般的说辞令他有一种身临其境的刺激感，将来可能面对的战争场面正在他眼前一幕幕血腥地闪现。

如此一来，萧何确定了韩信真的是一位千年难遇的军事奇才。

这样的人被项羽忽略，当真是项羽阵营的巨大损失，而如今萧何绝对不能再让其流失，一定要将这年轻人推荐给刘邦，将来必定有大用。

可是，这世上的事十之八九都不会如人意。

萧何这么想，不代表刘邦也会这么想。

萧何见了刘邦后从张口的第一句话起就开始夸赞韩信了，侃侃而谈足足两个时辰，一直在说韩信如何了得，如何是当世千年难遇的军事奇才等等，听得刘邦脑瓜子一直嗡嗡作响，仿佛有一万只苍蝇在耳边盘旋。

萧何对刘邦说道："你可别看这韩信年纪轻轻，那真是人小鬼大，满脑子的智慧，满肚子的墨水啊！随随便便一张口就将我们和项羽之间的差距以及优势、劣势分析得头头是道，还推演出将来有可能发生的战争形式，真乃是在世'兵仙'！这样的人才你若不提拔，日后可是一大损失……"

萧何把韩信的能力说得是天上有地上无，简直如神仙下凡一般神奇。

但有时候，你越是想向别人证明什么，别人就越是不信。

现在萧何与刘邦就是这样的情况。

萧何越是夸韩信，华丽丽的赞美之词说了几箩筐，刘邦心里越不信，反而觉得韩信这小子不老实，一肚子坏水，花花肠子，叫人摸不清楚。

刘邦心想："姓韩的这小子可以啊！这么快连萧何这样智慧的人都被他给说动了，看来这嘴上抹油的功夫已经练到出神入化的境界了。"

刘邦没有将萧何的话当回事，左耳进右耳出，扭头就抛之脑后了。

可谁知，从这以后，萧何只要一见了他就开始说韩信，并且还不断地催促他道："你可千万别不当回事，人我都约谈过好几次了，百分之一百确定是货真价实的人才，错不了，别再犹豫了，赶紧重用吧！别回头让人家心灰意冷又给跑了。"

久而久之，刘邦都怕了，就知道萧何三句话离不开推荐韩信，所以后来只要一见到萧何就下意识地扭头就跑。

日子一天天过去，没有如愿以偿得到施展才华机会的韩信便渐渐对刘邦也失去了信心。

他决定离开刘邦的阵营再寻他处。

此地不留爷自有留爷处，在这群雄并起的年代里，能做大事，成就一番伟业的人也不只有项羽和刘邦两个。

于是一天夜里，韩信一个人形单影只地骑着马，踏着阑珊的月色，孤独地离开了刘邦的军营。

韩信没有向任何人告别，因此他自认为没有人会知道他已经离开。

可谁知，他的行踪还是被人发现，并迅速汇报给了刚查军回来的大管家萧何。

萧何听闻韩信走了，来不及向刘邦回报，立刻乘马去追。

而紧接着，刘邦这边得到萧何连夜乘马急匆匆出了军营，不知道干什么去的消息。

这下可把刘邦吓了一跳，赶紧命人去追萧何。

萧何可是他刘邦的大管家兼经纪人，就如同自己的胳膊一样重要，掌管着所有刘邦团队内部的核心机密，若真就这么一走了之，从此隐姓埋名，归隐山林也就罢了，就怕萧何这是前脚刚离开自己，后脚立刻踏进了项羽的门，那样刘邦可就算是真的玩完了。

明月皎洁，晚风徐徐。

萧何一边回想着与韩信相处的过往，一边赶着夜色策马扬鞭，他不能让韩信走，无论如何都要将其追回来。

夜色虽深如墨，但幸好天有月光。

一轮又大又圆的明月此时正挂在繁星点点的苍穹之上，显得格外耀眼、格外突出。

前几日天降大雨，使得河水大涨。韩信到达寒溪时，正值河水上涨，水势湍急，因而无法过河。

恰巧这时，萧何也已赶到。

萧何乘着一匹白色的骏马，踏着皎洁的月色，由远及近而来，一边向着韩信招手，一边嘴里还不断呼喊着韩信的名字。

韩信见萧何满身泥泞，风尘仆仆，神情疲惫不堪，早已没有了往日那般儒雅风采，显然这一路风餐露宿，吃了不少苦。

"你不能走。"萧何对着韩信说道。

韩信道："汉王刘邦既然不愿意重用我，我留在这又有什么意思？"

萧何道："他不重用你是因为他还没有看见你超出常人所不能及的能力，你跟我回去，这次我保证他一定会重用你。"

韩信笑着摇了摇头，道："算了吧！这些日子我早已看出，无论是项羽还是汉王，其实都是一样，我已不抱希望。"

他接着道："千里马常有而伯乐不常有，我韩信一定要跟随一个'伯乐'式的明主。"

说罢，韩信便转身准备上马离去。

可萧何哪能让他走？

他拦住韩信去路，道："如今天下大乱，各路诸侯纷纷自立，可真正有实力逐鹿者除了项羽外就只剩下汉王了。"

他不让韩信反驳，接着继续说道："以汉王目前的实力自然是无法与项羽一决高下，但自从汉王起事以来，多少英雄名士前来投靠！别人咱先不说，单看张良，他是多么有智慧之人想必你也是有所耳闻的，当年为了复国，凭他一己之力就策划了刺杀始皇帝的行动，虽然最后失败了，但那也是非常了不起的事，一般人绝对做不到。如此了得的人物为何如今会在汉王麾下心甘情愿做一名谋士，你有没有想过这个问题？"

这一句话就将韩信给问住了。

萧何一见这一招有了效果，便立刻加强了攻势，继续说道："这都是因为汉王是一位明主，只有明主才能吸纳像张良这样的人才来投靠。韩信你在军事方面非常有天赋，是常人永远也无法赶上的，这一点我非常了解，只要你肯留下来，我一定会说服汉王拜你做统帅。"

　　眼见这位年纪足以做自己父亲的萧何居然如此礼贤下士，苦口婆心地挽留自己，韩信早已有些松动了，等萧何许诺一定会说服刘邦拜他为帅时，他则彻底被打动了，决定要回去干一番大事业。

八、拜帅韩信

　　月下追回韩信后，萧何随即就去见了刘邦。

　　刘邦见到萧何后，是又喜又怒，于是嗔怪地问道："你大晚上不睡觉，骑着马干什么去了？"

　　萧何也不隐瞒，直接脱口而出："我去追人了。"

　　刘邦一皱眉，用一种十分好奇的眼神上下打量了萧何一番，道："哪家的姑娘能值得你如此执着，不睡觉地连夜去追？"

　　这句话刘邦是故意问的，目的就是挖苦萧何一番。

　　这一点萧何自然也明白。

　　索性他就见招拆招地说道："如果韩信也算是姑娘的话，那么我追得再辛苦也是值得的。"

　　一听到"韩信"这两个字，刘邦就觉得心口堵得慌，苦笑着摇了摇头，道："自从我们入蜀以来，团队中不告而别走了那么多人你都没去追，偏偏一个名不见经传的韩信走了却叫你如此紧张，这理由说出来，你觉得我会相信吗？"

萧何道："众将易得，唯有韩信不易得。"

刘邦在听。

于是，萧何继续道："你以后如果只想待在蜀地做一辈子汉王，韩信自然没有多大用处，但假若你想以后与项羽一决高下，做天下共主，除了韩信没人能帮得了你。像这样的人才，你今天若是不委以重任，他日一旦他投靠了别人，必将成为你的一大祸患。"

刘邦见萧何将话说得如此绝对，不由得叹了一口气，道："好吧，既然你将话说得这么绝，那我也就给你一个面子，封他做个将军。"

萧何摇头道："像他如此有才的人，心气本就很高，一个小将军的职位恐怕还留不住他。"

刘邦被气笑了，道："什么，将军一职还算小？那干脆让他过来，我直接起身站一边去，把这位子让给他算了。"

萧何道："那倒不必。"

刘邦白了萧何一眼，随即从鼻孔里发出"哼"的一声，便将头扭到了一边。

只听萧何道："如果你肯拜他做统帅大将，那么他一定会留下来。"

刘邦一听这话，整个人差点坐到地上去，摔个跟头。

他像是头一回见到萧何似的直勾勾盯着对方。

萧何道："你一向傲慢，若任命一名将军，便像使唤小孩子一般将人呼来喝去。韩信这人心高气傲，肯定不会受你这气，但假若你真心用他，就拜他做统帅大将，这样才能让他觉得你是真心尊重和重用他，如此一来，他自然也就不会再离去了。"

刘邦沉吟着，似在思索。

萧何道："如果你真有夺天下之雄心就留下他；如果不用，我这就回去把他撵走。"

刘邦又叹了一口气，道："既然你如此看中韩信，那我也只有选择相信你的判断了，就拜他做这个统帅大将吧！"

萧何一听刘邦松口了，终于如释重负地转身离去，并将这个好消息告诉了韩信。

韩信听到这消息，顿时激动得热泪盈眶，连忙下跪向萧何拜谢。

萧何将他搀起，说道："自汉王起事以来团队中还从没一人坐上这统帅的位子，如今给了你，你可别辜负我们的厚望呀！"

韩信点头称是。

萧何又道："汉王已经许诺，会挑选吉日，筑坛斋戒七日，诏告全军堂堂正正拜你做统帅，并将兵符、军印赠予你。"

七日后，果真如萧何所述，汉王刘邦都一一照办了。

挑选新统帅的消息一出，顿时引来全军上下一顿猜测。

众人都在想，这统帅的位子究竟会花落谁家呢？

有过战功，并且平时跟刘邦走得很近的樊哙、曹参、夏侯婴、周勃、灌婴等将领，都以为这个统帅的位子必定会是自己的，因此都在暗自窃喜。

可谁知，等吉时一到，刘邦登上拜将台，召唤来的却是一位很多人都还未曾见过面的年轻小伙子——韩信。

这一幕着实令众人都看傻了眼。

只见刘邦当众将帅印与兵符交与韩信，并当众宣布拜韩信为全军统帅大将，管理军机要务，统帅节制所有军马，诸将若有违令者，便由大帅韩信查办处决。

此令一下，全军将士一片哗然。

大家虽心有不满，但也只能憋在心里，谁都不敢当众说出反驳意见。

其实这个时候，刘邦的心里也不舒服。

毕竟到现在为止他还没有看出韩信有何与众不同之处，如此草率地就将全军统帅的位子给了这位名不见经传的毛头小子，他实在很不情愿。

事后，刘邦又单独召见了韩信，道："萧何极力地推荐你，说你是千年一遇的帅才，在世的兵仙。说实话我是不怎么相信你的，但我相信萧何，相信他的眼光。如今我已拜你做了全军统帅，掌握军务大权，众将士多有不服，你小子若是有真本事，就应该赶紧立几项大功，堵住众人的嘴，使大家心服口服；若是没有那金刚钻，就赶紧灰溜溜地滚蛋，我也不会怪你，明白了吗？"

韩信面不改色心不跳地缓缓说道："如今汉王您最大的威胁

就是项羽。"

刘邦承认。

韩信接着道："那么我想请问汉王，您觉得您与项羽谁更强？"

刘邦道："当然是他项羽。"

韩信道："不错，论实力的确如此，但我曾经在项羽身边待过，对他的秉性十分了解。项羽一怒，周围人都会退后，吓得腿都发软，可他却不能选用有才能之人，宁肯将帅印握在手里磨光滑了也舍不得给有贤能之人。自打进入关中之后，他更是大开杀戒，将秦地的百姓当作他复仇的对象，凡是他部队经过的地方无不生灵涂炭，百姓一听到他的名号是又怕又恨。除此之外，他还违背了'怀王之约'，按照自己的想法偏好，擅自封人为王，诸侯对此愤愤不平，以至于后来很多将士都忍受不了，离他而去。如今他的强大也只不过是表面的昙花一现，实际上早已失去了民心。"

刘邦在听，所以韩信继续说道："而汉王您却不同，自打起义以来，广发英雄帖，吸纳各色人才，而且对待周边的人从来没有任何架子，脾气虽暴躁了些，却从没有亏待过任何人，对待百姓更是关怀备至，将军队里多余的粮食贡献出来，分给大家，此举收获了大批的民心，如果能继续保持下去，爱戴百姓，重用人才，君臣一心，他日何愁不能击败项羽？"

刘邦越听越有道理，频频点头。

　　韩信又道："章邯、董翳、司马欣三人本为秦将，率领秦国兵士已有数年，手下战死之人不计其数，项羽虽封他三人为王，却无法真正使他们心悦诚服地归顺，更何况项羽之前又坑杀了二十多万的秦军将士，这一举动早已令众人对他恨之入骨，因此秦地百姓自然也就不会拥戴于他。"

　　刘邦不禁问道："那依你之见，接下来我应该怎么做？"

　　韩信道："自从汉王您入关中以来，秋毫不犯，并且废除了之前秦国的严刑峻法，与秦地的百姓约法三章，对此百姓对您感恩戴德，早就想拥护您为关中之王了。而根据当初的'怀王之约'，汉王您也应该坐这关中之王的位子。"

　　刘邦道："所以呢？"

　　韩信道："如今只要汉王您号令一声率兵东征，攻破章邯、董翳、司马欣三人的封地，必定会民心所向，如此一来必定能将整个秦地都收入囊中。"

　　刘邦听到此处不禁拍案叫绝，后悔自己之前没有早听萧何的劝说，以至于这么晚才识得韩信的才能。

　　韩信又建议刘邦可以不妨假借修栈道的名义，派一支小分队引开章邯、董翳、司马欣三人的注意力，之后集中主力部队隐蔽迂回至敌人后方，打对方一个措手不及。

　　于是，在汉元年八月，即公元前206年的时候，刘邦依韩信计策命樊哙带兵大修栈道，自己则亲自率领大军趁机绕道返回关中，将章邯包了饺子，围了个水泄不通。

　　章邯中计，虽顽强抵抗，但最终依旧是兵败的结局，不得不放弃陈仓带着残兵慌忙而逃。

　　刘邦则带领着汉军一鼓作气将其余两个封王董翳、司马欣的封地也打了下来。

　　这正是明修栈道，暗度陈仓。

　　项羽听到消息后勃然大怒，立刻派兵在阳夏（今河南省太康县）阻截汉军。

　　两军阵前对垒十分激烈胶着，项羽的楚军咄咄逼人，使得汉军连一步都不能前进。

　　至此，楚汉争霸便正式拉开了序幕。

　　而韩信本人则因在这场"还定三秦之战"中为刘邦出谋划策，使刘邦势如破竹地拿下了整个秦地，立下了大功，从而越级成为刘邦团队中举足轻重的人物，并在日后的岁月中屡立奇功，逐渐成为团队中的核心人物之一，地位仅次于萧何与张良二人。

　　而这一切都源自于萧何这个"伯乐"的慧眼识珠，才能发现韩信这匹千年难得的"千里马"。

第六章

居中持重守后方

一、持"家"有道

同样是在汉元年八月，即公元前 206 年。刘邦在采取了韩信的"明修栈道，暗度陈仓"策略，带领着自己的汉家军挥师东进后，便将大本营交给了最信任的大管家萧何进行管理，负责征收蜀地一带的税款及粮草。

此时，在前线作战的汉军将士们早已在巴蜀待烦了，东归心切，一出蜀地便像出狱的囚犯一般，个个奋勇杀敌，仅仅不到一个月的时间就将秦地全部收回。

于是，刘邦又将萧何从蜀地安排到了关中，让其替自己坐镇关中，安抚当地百姓，而自己则继续带领着大军向彭城（今江苏省徐州市一带）进发。

这时候的萧何已被刘邦拜为丞相。手握大权的萧何如果在这时有反叛之心的话，完全可以取刘邦而代之。

因为他在整个团队中的人脉及威望早已远超刘邦，想篡权的话简直易如反掌。

但萧何没有这么做。

如果萧何真这么做了，那么萧何也就不是萧何了，后世也就不会将"西汉开国第一功臣"和"汉初三杰"这两个头衔放在他的身上了。

萧何来到关中后，当务之急就是恢复百姓的正常生活及提高百姓们的劳动生产力。

只有老百姓能够正常地生活、劳作，整个社会的经济才能像车轮一般继续前进，官府才能从老百姓的手里收到财税，有了税收钱财的支持，前线作战的部队才会有充足的粮草和武器。

如今经历了几场战役，暴秦已灭，但这时候的关中地区已经是千疮百孔，百废待兴，秦皇宫更是被之前的项羽用大火连烧了三个多月，早已成了一片废墟，而萧何一直以来的目标和理想就是让普天下的百姓不再受苦，过上幸福美满的生活。

现在，他正朝着这一终极目标而努力，每当有一点进步，他都会在心中提醒自己："你还需要更加努力，决不能骄傲。"

他坚信，自己与刘邦、张良这帮人一定是最后唯一抵达目标终点的人，曙光就在前方。

在刘邦不在的这些日子里，他以丞相的身份留守在关中，每天不问时间，两点一线，认认真真，兢兢业业地处理各项公务，征收赋税，安抚百姓，为前线作战的将士们不断提供着大量粮草。

他一方面重新制定社会秩序，另一方面不断推行惠民政策，来稳定惶恐不安的民心。

他不仅制定了新的法律，还组织修缮了之前被摧毁的建筑，这其中包括前朝政府的"办公大楼"以及宫廷建筑。不仅如此，在大管家萧何主持政务的这段时期内，官府大刀阔斧的改革是史无前例的，萧何不仅将原先秦国时期的皇室私家苑囿分划给百姓耕种，还免去大家的租税，并在民间选拔出一批 50 岁以上，有德行，有威望，能做表率的中老年人将他们封为"三老"。

中国古代秦汉时期所谓的"三老"其实就类似于现今的乡长，属于（副科级）基层干部，专门负责调解民事纠纷，教化民众，征收税务等。

在那个年代，农民在田地里所打的粮食有十分之一是要上交给国家的，这就像如今的一些人要交个人所得税一样，农户自家住宅的耕地则属于自家所有，要向国家上缴户费，以此来养军队。

《汉书·高帝纪上》中记载："举民年五十以上，有修行，能帅众为善，置以为三老，乡一人；择乡三老一人为县三老。"

由于我们的大管家萧何施政有方，颁布利民法令，免去农民的劳役，并在每年年末给他们送去年货礼品，久而久之民众都非常喜欢，敬重萧何这位父母官。

而在萧何的英明领导下，当地的经济、农业得到了迅速恢复，由此也为刘邦的军队建立了稳固如磐石的大后方。

二、彭城之战

汉二年，即公元前 205 年，四月至五月。

这一年，刘邦趁着项羽带兵去攻打齐国之际，领着 56 万的庞大部队攻占下了项羽的老巢彭城。

这一回的胜利可让刘邦喜出望外，甚至有些得意忘形了。

一进了彭城，刘邦一行人便开始大肆掠夺财物美女，每天一睁眼只干一件事，那就是跟自己的属下们聚在一起饮酒作乐，声色犬马，好不快活，毕竟当时刚进咸阳城的那种享乐生活使他回味悠长。

可惜上次的欢愉被张良、樊哙打断了，因此这次他彻底放飞自我，一定要好好补偿一下自己。

可是，沉浸在欢乐中的刘邦这时候却偏偏忘了一件事——防备项羽回来。

而这样做导致的结果无疑就是两个字，"作死"。

没过不久，战神项羽便亲自带领着 3 万精锐绕道反杀，将刘邦等人困在彭城边上的灵璧。

项羽在彭城一战中创造了一个战争史上的神话，仅凭手上的 3 万人就击垮了刘邦的 56 万大军。

刘邦的部队完全被项羽吓傻了。

面对魔鬼一般的项羽部队，刘邦一方根本束手无策，完全无法抵抗，士兵们相互踩踏，乱作一团，被项羽的楚军围堵斩杀了10 万多人。

这个时候，众人脑子里已没有其他的想法，只有一个念头——逃跑。

于是，刘邦这一生中最狼狈的一幕发生了，刘邦在前面狂逃，项羽则在后面暴走怒追，一路狂拿人头。

　　逃至刘邦的老家沛县泗水时，刘邦带领的汉军又被项羽干掉了 10 万左右。

　　刘邦情急之下让自己的马夫夏侯婴赶紧调转马头，向南而去。

　　刘邦想利用南面险要的山势来进行一次反围剿。

　　只可惜，事与愿违，所有的汉军士兵在看到项羽时都不自觉地肝胆俱裂，魂飞魄散，根本无法做抵抗。

　　幸好这时刚投奔刘邦不久的参谋陈平给刘邦献上妙计"金蝉脱壳"才使刘邦脱离险境，带着数十名残兵败将仓惶地逃往自己领地范围内的荥阳（今河南省郑州市境内，东接郑州市中原区，西邻巩义市，南依嵩山余脉与新密市接壤，北隔黄河与武陟县、温县相望）。

　　这次的失败是刘邦损失最惨重的一次，不仅损失了 56 万庞大军队，就连自己的老爹和媳妇儿也一同被项羽抓了做人质。

　　然而，祸不单行，就在这千钧一发之际，却发生了一件令刘邦永远也抹不去污点的事。

　　这时，为刘邦驾车的人自然是有着丰富经验的"老司机"夏侯婴，他在挥鞭打马，疾驰狂奔的时候，居然无意中看到了刘邦的两个孩子刘盈和刘乐，也就是后来的汉惠帝与鲁元公主。

　　于是，夏侯婴二话不说，赶紧将两个孩子抱上了马车，继续驾车。

　　在如此紧张的时刻，谁也没有时间多问这两个孩子是怎么逃过项羽追捕的。

此时，身后的楚军依旧紧紧跟随着，眼看是越来越近了，而刘邦所乘坐的马车速度却快不起来。

情急之下，刘邦居然将刘盈和刘乐这姐弟俩从飞驰的马车上端了下去。

两个孩子摔在地上疼得哇哇大哭。

夏侯婴见状心有不忍，立刻停车下马又将两个孩子重新抱上了马车，之后继续赶路。

刘邦冲着夏侯婴大发雷霆，破口大骂，接着又将两个孩子端下了车。

于是，夏侯婴依旧下车，将两个孩子抱回车里。

如此这般，刘邦总共对自己亲生子女下了三次毒手，而夏侯婴则每回都不厌其烦地将两个孩子抱回车上。

在《史记·项羽本纪》有记载："汉王道逢得孝惠、鲁元，乃载行。楚骑追汉王，汉王急，推堕孝惠、鲁元车下，滕公常下收载之。如是者三。"

俗话说：虎毒不食子。刘邦作为西汉王朝的建立者，一代明君，却对自己的孩子下如此狠手，实在令后人感到不可思议。

经过一番波折，一行人总算到达了汉军的领地荥阳。

三、一片赤诚却遭猜忌

刘邦的汉军驻扎在荥阳南面，修筑了一条两旁筑墙的甬道，方便军队从黄河对岸的敖仓取粮草。

就这样，楚汉两军在此相互对峙了将近一年时间。

而项羽在此期间并没有罢休，率领楚军屡次切断刘邦汉军的粮道，使汉军在荥阳内没吃没喝，饿得汉军把城里能吃的都吃了，就剩下吃人了。

刘邦顿时陷入了进退两难、无计可施的境地，想与项羽讲和，准备割让荥阳以西的地盘。

项羽却将头摇得跟拨浪鼓似的，说什么也不答应。

既然已经与刘邦彻底撕破了脸，他就准备一鼓作气，消灭掉刘邦及其所领导的汉军。

他想要的是吞并九州，独霸江山，怎么肯与刘邦就此划界，分制天下？

刘邦一看项羽那边不同意讲和，急得头发大把大把地往下掉，几个日夜都睡不着觉。

然而，这时候身边的参谋陈平又出了一计。

他从刘邦那里拿了一笔活动经费，之后大肆散布项羽身边亚父范增的谣言。

结果项羽果然中了计，对平日里亲近有加的范增渐渐疏远，以至于一些重要的军事会议也尽量不让范增参加。

范增是个多么聪明的人，活了一大把年纪还看不出这其中的道理？

他一眼就看出项羽对自己起了疑心，料定项羽定是信了外面的谣言，因此而冷落自己，于是便一气之下，向项羽请辞要回老家。

他本以为以自己与项羽往日的情谊，项羽怎么样也该会说些宽慰的语言来挽留自己。

谁知，项羽对范增的离去丝毫没有挽留的意思，只冷冰冰给了一些钱财当作养老金便打发范增离去了。

可怜这范增一把年纪，劳费心思地帮助项羽成事，临走时却落到如此凄凉境地，最终因胸中始终有一口气咽不下，在回乡的半路上突发疾病而亡。

与此同时，楚汉双方仍旧僵持不下，但眼看刘邦一方的汉军就要支撑不下去了。

而更要命的是，这时候，关中地区的青壮年大多都早已被征调入伍随刘邦的大军征战而去。

接到前线刘邦战败的消息后，萧何只能临时征集中老年志愿军和一些还没到入伍年龄的少年组成临时队伍，急匆匆赶往荥阳增援刘邦。

而出兵一举攻灭魏、赵、燕、齐国的韩信此时本应该调转马头，向着荥阳方向去支援刘邦，但他迟迟不动身，反而派人去跟刘邦上书道："现在魏、赵、燕、齐都已被平定，但齐国向来狡猾多变，而且国界南边又与楚国相连，为了预防齐国日后投靠楚国，不如设立一个'代理齐王'来管辖齐国，我希望汉王您能让我来做这'代理齐王'，并以此来稳定住齐国的局势，确保齐国不会倒向楚国。"

刘邦看了韩信的来信后，气得脑门儿上直冒青烟，一张脸拉得跟驴脸一样又长又难看，大骂韩信不仁不义，不讲武德。

一旁张良暗中踩了一下刘邦的脚，向其使了个眼色。

这意思是在告诉刘邦："眼下这种局势对我们不利，应该稳住韩信让他出兵来增援我们，等缓过气了再收拾他也不迟，千万不可因小而失大。如果韩信被气跑去投靠项羽就麻烦了。"

刘邦顿时醒悟，立刻改口说道："大英雄平定了这些小诸侯怎么能做'代理齐王'呢？要做就做真齐王。"

于是，刘邦立刻派张良前去封韩信为齐王，并征调他的部队来增援困在荥阳的刘邦。

至此刘邦才得以重整旗鼓，敢与项羽相持于荥阳、成皋（河南荥阳市西北汜水镇）一带。

这个阶段的"大管家"萧何主要负责所有后方事务，征调士兵，运输粮草；制定刑法律条，建立属于刘邦政权的新宗庙秩序。

在前文我们曾提到过，中国古代，自三皇五帝开始，人们就有崇拜祖先的习俗，历朝历代，上自君王，下至百姓，无不看中对祖先的祭拜。

这种仪式与后来人们对宗教的信仰是一样虔诚的。

而一个新的政权建立也自然少不了设立宗庙这一环节，如果没有，该政权将无法自圆其说，证明自己的正统合法性。

每一个环节萧何可以说都是亲自督查，从不敢怠慢，而所有重大事项萧何也都一一向刘邦及时汇报，从不隐瞒；即使有时不能及时向刘邦汇报情况，萧何也是秉承"具体问题具体分析"的原则，先处理问题，之后再向刘邦汇报所做的事情。

刘邦常年带兵征战与楚军对峙，大多是兵败溃逃，以至于所有的军政大权全掌握在萧何一人手里。

而萧何一直以来都恪守本分，尽心尽力地完成自己的本职工作。

尽管如此，长年在外征战的刘邦还是对大管家萧何不放心，总是怕他会越俎代庖。

在他与项羽对峙的期间，还总是不忘时不时派人回来假意看望萧何，并对其嘘寒问暖一番。

萧何与刘邦相识多年，因此对于刘邦的这种举动也没有多想什么，但萧何身边一名下属早已看出了这其中的端倪，便好心提醒萧何道："如今前线战局紧张，汉王又亲自坐镇，应该是十分焦头烂额，根本无暇顾及其他事物才对，可偏偏在这种情况之下，他却时常派人回来对丞相您嘘寒问暖，可见这其中并不简单。"

萧何看着对方，道："你有话不妨直说。"

于是，就听对方说道："以卑职所见，这是汉王假借探望您之名在刺探您是否已对他有了反心。"

萧何听罢，心中便是一惊。

以他多年围观的经验和对刘邦的了解这种事不是没有可能。

只听这人继续说了下去，道："不如这样，丞相您从自己的亲友兄弟中选一人到汉王身边去听从吩咐，这样汉王说不定就对你不再怀疑了。"

萧何微微点了点头，觉得这倒也是个办法，于是依计行事，没想到最后这一招果真打消了刘邦的猜疑之心，从此再也没有派人回来假借"慰问"之名来试探萧何了。

四、垓下之围

汉四年，即公元前 203 年。这一年刘邦已与项羽正式划鸿沟（荥阳成皋一带）为界，局势暂时稳定了下来，项羽领兵东归，刘邦也准备收拾收拾，回自己的大本营去。

正在这个时候，"智多星"张良对刘邦说道："如今汉王已经有了半壁江山，且粮草充足，其他诸侯也都纷纷前来投靠；而反观项羽那边，此时已经是兵困马乏，弹尽粮绝，这真是天要亡项羽呀！汉王若不趁此机会将其一鼓作气消灭掉，那日后可就再没有机会了。"

一语惊醒梦中人。

刘邦觉得张良的战略思路不错，于是在第二年，也就是汉高祖五年（前202），刘邦积极联合所有能搭上关系的诸侯开会，商议准备搞"联合纵横"，一同出兵来对抗项羽。

而与此同时，他又亲自率军继续向楚军发起挑衅，其目的也是为了给众诸侯做个表率，证明自己根本不惧怕项羽，一定要将对方消灭。

在这个阶段里，项羽的日子并不好过。

部队在垓下（今安徽省灵璧县境内睢水至洨水）扎营，因为粮草短缺问题，很多士兵都逃离了部队，导致人数越来越少，留下来的士兵也都个个气势消沉，无心应战。

然而，祸不单行，福无双至，就在这个时候，刘邦率领着汉军加上韩信、彭越的两拨人马，三人兵合一处，将打一家，来势汹汹，将项羽的军队像粽子一般，包裹得严严实实，举步维艰。

当夜，踌躇满志的项羽忽然听到营帐四周传来楚国的民歌，顿时大惊失色，心中念道："难道我手下的士兵都已经投向了刘邦？如若不然，汉军阵营中怎么会有楚人唱歌呢？"听到传来的楚歌，楚军人心涣散，斗志全无。这便是成语"四面楚歌"的来源。

心念至此，项羽当下从床榻上翻身而起，不禁想起过去的每个夜晚都有美酒佳肴，身边又有美丽的虞姬做伴，而如今自己却沦落到这般田地。

自知将败的项羽忍不住心中的悲凉，放生大唱道："力拔山兮气盖世，时不利兮骓不逝，骓不逝兮可奈何！虞兮虞兮奈若何……"

身旁的虞姬也被他这种悲凉的情绪所感染，于是与他一同唱起，二人相拥凝视，双双落泪。

项羽出了营帐，跨上战马，带上心爱的虞姬和部下八百多名亲卫，连夜突围。

刘邦得知消息后，立刻命手下将领灌婴率5000骑兵追击项羽。

这一路弑杀凶险可想而知。

当项羽到达淮河时，身边只剩下了一百多人。

进入阴陵（今安徽省定远县西北靠山乡古城）时，项羽却意外迷了路，一群人绕来绕去不知该往何处走。

就在这时，一行人忽然偶遇一名农夫。

此时众人也顾不上多想，赶紧上前询问怎么走。

谁知这农夫也是个一肚子坏水的家伙，故意骗众人道："往左拐，顺着路一直向前走就到了。"

项羽等人还真信了，结果走到一半就陷入了泥洼里。

赶巧不巧，就在这时，身后追击的汉军也已到了。

于是，两拨人马开始了血淋淋的厮杀。

项羽真不愧"战神"二字，在大批汉军的重重包围之下居然还能侥幸生还，率领着剩余将士一路向东而去。

一行人到达东城时只剩下了 28 人，而身后紧追不舍的汉军则有四五千人。

项羽估计自己这回是无法活着回家乡了，于是对身边的部下说道："我自从跟随叔父项梁起兵至今已有 8 年，经历过大小战役七十多回，从无败绩。然而今日却落到穷途末路的境地，这是上天要诛灭我项羽……不是我用兵疏忽，指挥失利，一切都是天意。然而我不能就此认命，诸位都是跟随我多年征战的兄弟，我项羽愿和大家一起进退，杀出一条血路，为大家突出重围。"

紧接着，项羽将部下分为四队，分别朝着四个不同的方向攻击汉军，其目的是为了分散汉军注意力。

项羽与属下们约定，冲出去之后，大家在山的东面集合。

众人得令而去。

这时，只听项羽忽然大喝一声，像一头雄狮般冲向了汉军。

只见他跃马长空，来势凶猛，当下便冲入汉军阵营中，抬手挥出一刀将汉军一名武将斩于马下。

汉军士兵一见战神项羽迎面而来，如此凶猛，心底本能地一哆嗦，顿时没了勇气，纷纷丢盔弃甲，溃散而逃，倒退了好几里地。

如此一来，项羽与手下部将在约定地点聚集。

等汉军回过神儿来时，项羽的四队人马早已远去。

汉军并不知这四队人马里项羽究竟在哪一队，当下也将自己的大队伍分成了四组小队分头去追赶，没过多久就追上了项羽等人，并将其重新包围起来。

这时项羽已杀红了眼，在乱军中又斩杀了一名汉军将领，并杀死汉军普通士兵百十余人，再一次成功逃出包围，重新集合了自己的部队，清点人数，发现只少了两人而已。

一行人来到乌江（今安徽和县乌江镇）边。

乌江的亭长撑船靠岸已等了很久，一见到项羽便立即说道："江东地面不算大，但也有几千里的土地和几十万的百姓，足够您在那里自立为王了，您赶紧上船过江，这里的事就不用管了。"

他接着说道："这江边只有我这么一条船，其余的都已被我销毁，即便汉军追来，也无法渡江。"

项羽凄凉地笑了笑，道："老天容不下我项羽，决心要灭我，我还渡江干什么？想当年我带着 8000 人渡乌江西进，如今这 8000 人都成了亡魂，唯独只有我一人苟活下来，即便江东父老怜惜我，拥戴我为王，我自己又有什么脸面去面对父老们呢？"

他凝望着江面上的浪涛，自言自语地说道："即便大家嘴上不说，难道我心里就能好受吗？"

他转身抚摸着身旁爱马的鬃毛，又道："你是一位心地善良的忠厚长者，我这匹马跟着我征战多年，所向披靡，可算是千里良驹，我如今落魄至此也不忍心杀它，不如就送给您。"说罢，便将手中的缰绳递给了亭长。

这时，其余将士也纷纷下马，从腰间抽出佩刀准备与汉军做最后的生死搏斗。

不过多时，汉军的人马也已赶到，两拨人当即便厮杀在一处。

项羽神勇无比，武艺超群，仅一人便杀了一百多名汉军，而他自己也已负伤多处，早已精疲力尽，满头大汗，气喘吁吁，晃晃悠悠，连站都已站不稳了。猛然一回头，居然认出汉军骑兵众将中有一人正是自己曾经的好友吕马童，于是便指着对方大声笑道："吕马童，我的老朋友，想不到你居然也来了！……"

吕马童对身旁的主将王翳说道："此人便是项羽。"

王翳上下打量着满身伤痕却依然不肯倒下的项羽许久，缓缓点着头，不禁感慨地说道："果然是铁骨铮铮的好男儿！"

就听对面的项羽又对吕马童大声说道："听说刘邦那老贼自掏腰包悬赏两千两黄金要拿我的项上人头，我寻思便宜别人不如便宜自己人，你我既然朋友一场，我项某人的这颗头颅就送给你吧！"

他又看向身旁的美人虞姬，惨笑着对其说道："今生我对不起你，最终只能以这种方式与你告别，若有来世，我一定会祈求上苍与你再续前缘……"说罢，便挥刀自刎，当场而亡。

美人虞姬一见项羽已死，顿时犹如晴天霹雳，万念俱灰地从地上拾起项羽自刎时用的刀，泪眼婆娑地向自己胸口刺去，就此结束了短暂的一生，随着项羽的亡魂驾鹤而去。

随着王翳割下项羽的人头，其余士兵也纷纷上前互相争夺项羽的尸体，整个场面血腥而残酷，其中有几十名汉军士兵因争抢项羽尸首而发生械斗，最终而亡。

最后，郎中骑将杨喜，骑司马吕马童，郎中吕胜、杨武四人各争得一个肢体，拼在一起刚好是一具无头的项羽尸体。

一代战神西楚霸王项羽，生前南征北战，无人可挡，勇猛无比，最终落到如此下场，实在令人惋惜。

世人认为，项羽"两容三不容"的胸中气量难以入主天下。

而在《太史公自序》中对其也作了最后评价："秦失其道，豪杰并扰；项梁业之，子羽接之；杀庆救赵，诸侯立之；诛婴背怀，天下非之。"

至此，秦末汉初交替时期的楚汉战争画上了句号，刘邦集团一跃成为实力最强、傲视九州的一股力量。

在项羽死后，大部分原先的楚国地界都归附了刘邦，唯有原来项羽的封邑鲁地死活也不愿投降。

于是，刘邦率领着汉军部队以及各路诸侯联军，提着项羽的人头去鲁地招降。

鲁地父老一见项羽的人头顿时心理防线崩塌，知道大势已去，再顽固抵抗也无意义，于是便也归顺了刘邦。而项羽的宗亲则被刘邦都赐了"刘"姓，至于项羽之前的部下若想继续做官，就得称呼项羽为"项籍"才能在刘邦即将建立的汉朝统治之下继续做官。

汉高祖五年（前202）二月初三，刘邦公布诏书称帝，论功行赏，其中萧何为首功，并封他为酂侯。

朝堂之上文武百官闻听此言，多有不服。尤其是那些冲锋陷阵，立下汗马功劳的武将，对刘邦的这种安排很不满意，自己豁出命打下的江山，最后还不如萧何一个文官的功劳大，真是没天理，由此便在朝堂之上大发牢骚。

刘邦为了堵住悠悠众口，于是便向大家讲述了一个猎人与猎狗的故事。

他说道："猎人在打猎时，总会先让猎狗去追赶猎物，等猎物进入猎人的射杀范围后再将其猎杀。而你们虽为武将，但其实就是那群替猎人追赶猎物的猎狗，所以你们立的功也只是'狗功'，而萧何就是那个指挥猎狗的猎人，所以他立的功是'人功'。"

诸将闻言，均哑口无言，只能默认了刘邦的说法。

最后，萧何位列众卿之首，被称为"开国第一侯"，食邑万户，而张良、韩信则分别排在第二和第三，功劳、地位仅次于萧何。

开国之后，萧何的第一个任务就是修建新首都，也就是后来的长安城。

五、萧何筹建未央宫

天下初定，九州各地虽都归了西汉，但各地诸侯依旧分疆裂土。

当时洛阳城四周一马平川，不适合防守，而关中地区地势险要，易守难攻，因此刘邦与萧何、张良等一众团队核心高层干部商议后，决定将大汉的首都定在秦国旧都城咸阳城的附近。

而修建宫殿这项光荣而艰巨的任务就落在了大管家萧何的肩上。

于是，萧何便牵头，带领当时国内顶流的建筑师开始着手建造西汉王朝的宫阙。

在古代社会中往往一个新政权的宫殿，除了是帝王们生活、办公的场所之外，通常也是为了展现当权者的实力而建的，属于面子工程，所以一定不能跟一般地主家的庭院一样建得随意。

像现在北京城的故宫（紫禁城）是明清两代的皇家宫殿，位于北京东城区景山前街 4 号，处于北京市中轴线的中心区域，以三大殿为主体，总占地面积在 72 万平方米左右，建筑面积约为 15 万平方米，里面大小宫殿有七十多座，房屋将近 1 万间。

如此宏伟的建筑群堪称世界奇迹，而两千多年前西汉初年，正处于一个百废待兴、经济复苏的崭新阶段。

以当时的财力要想建出跟后世紫禁城一般规模雄伟壮丽的宫殿是不可能的。

今天的我们虽然已经无法亲眼看见这座宫殿的样貌，只能凭借史书资料来遐想，但作为一个国家综合实力的象征，当时它的规模也绝不可能小到哪里去。

如此艰巨的任务，作为大汉王朝的大管家萧何，第一功臣，又岂能敷衍了事，随意完成？

在那段时间里，萧何亲自奔赴现场指挥工作，与当时全国顶尖的设计师们一起反复开会研究设计样式，从宫殿的整体规模，再到用什么样的木质、什么样的雕梁，以及工人们的待遇、食宿等问题，他都事无巨细，一一把控。

这浩大的工程耗费了上千名工人三个春秋，到了汉高祖七年（前200），终于竣工。

大功告成之后，萧何请刘邦来视察检验。

来到新建皇宫所在地，刘邦抬眼一看眼前的建筑群，顿时眼前一亮。

只见这些宫殿个个巍峨庄严，富丽堂皇，占地面积至少也有三四十里地，其中最为高大宏伟的一座名为"未央宫"，与早先修建的长乐宫构成了规模庞大的建筑群，丝毫不输当年的秦国宫殿。

他本以为萧何花费短短三年的时间，建起来的顶多比一般地主家的房子大一些罢了，万万没想到，最后呈现在眼前的却是如此豪华的宫殿，想必这一定花了不少雪花银。

一想到萧何拿着自己的批条从国库里成箱成箱地叫人往外搬银子的场景，他的心就疼。

据《资治通鉴·卷第十一·汉纪三》中所记载：春，二月，上至长安。萧何治未央宫，上见其壮丽，甚怒，谓何曰："天下匈匈，苦战数岁，成败未可知，是何治宫室过度也！"何曰："天下方未定，故可因以就宫室。且夫天子以四海为家，非壮丽无以重威，且无令后世有以加也。"

刘邦听萧何说得头头是道，十分在理，方才转怒为喜。

其实，刘邦之所以大骂萧何乱花钱建造宫殿，自然不是真的嫌萧何劳民伤财，而是内有玄机。

明朝时期，有一位名叫张燧的人曾在《千百年眼》一书中说道："高帝之都关中，意犹豫未决，嫌残破故也。"

根据张燧这句话去理解，当时刘邦大骂萧何乱花钱建造未央宫，其主要目的是因为咸阳之前曾被项羽用火连烧了三个多月，早已是一片废墟，数以千计的亡魂葬身这里，而后萧何又在一片废墟的附近重新盖了宫殿，因此刘邦嫌弃这地方残破，也嫌弃这里晦气，不吉利。

刘邦作为西汉政权的开国君王，在治理国家方面有很多卓越的功绩，但这背后少不了大管家萧何与"智多星"张良等一众谋士干将的衬托。

而在治理国家、修订法律、抚慰百姓这些方面，萧何懂的可不止一点两点，尤其在建造宫殿这方面更是如此。在他看来，修建宫殿自然要大气恢宏，只有这样才能向天下人展示新政权的强大，从而震慑四方。

但这不是问题的核心，核心是第二个原因。

西汉政权这时候才刚成立，各个方面都还没有稳定下来，这个时候修建规模如此宏大的宫殿正是为以后的持续发展奠定基础，甚至可以说是奠定整个西汉王朝未来的基调、整个国家的格局。这种事作为后来者的我们虽然不是很理解，觉得有些装腔作势，但在古代却是一种展现自己国家实力的象征。一代君主的办公生活建筑如果不能给人一种震慑感的话，那么谁也不会把你放在眼里，同样，你的国家基调和格局也就显示不出来了。

当然，这里还有最后一点，就是为了皇室的子孙后代所考虑。

这一点就有点未雨绸缪的意思了。

先人建造宫殿时一次性将其修建得宏伟大气，后世子孙也就没有理由再花大价钱去修建什么宫阙楼宇了，这样一来，也预防了皇室的子孙们大兴土木、劳民伤财的可能性。

可以说，萧何当时已经考虑得非常周到了。

但可惜的是，他偏偏还是忘考虑一点，那就是人口的增长问题。

一个国家在经济发展、国泰民安之后必定会有人口增长的现象发生。

从秦末汉初，在经历了"文景之治"之后到了汉武帝时期，汉朝的人口增长了好几倍。

这一时期皇室的成员也同样在增长，皇室的人口增长所带来的问题就是伺候皇室的奴婢也会相应地增加，而能够容纳这些皇室和相应奴仆的场馆却远远不够。所以我们看到，西汉王朝到了汉武帝时期，不但经济得到了飞跃式的发展，国力变强，而且相应的皇室开销也在变大，加之汉武帝自身本就好大喜功、自命不凡，因此在他当政时期，大兴土木，北击匈奴，各种大手大脚花钱的事干了不少。

相信这些问题，都是当时的萧何所没有考虑到的。

但也无可厚非，毕竟人无完人，每个人都是如此，不管他生前有多么智慧，对过去发生过的事多么有经验、有所防范，但对未来还没有发生的事，以及未来所会发生的变化，却没有人能够预测得一点不差。

因此，不管怎样，西汉从萧何建造未央宫等宫阙楼宇开始，新政权的基调就已经定下了，以至影响了后世中国两千多年，不管再怎么变化，都是万变不离其宗。

至此之后，西汉的都城皇宫历经两百余年的风雨，后世虽有返修，也有新建宫殿群落地，但始终保持着萧何这位总设计师最初的设计风格。

而大管家萧何对西汉这个新成立的政权所做出的贡献及心血还远远没有结束。

因此，我们的故事也没有结束。

接下来，萧何将会帮助刘邦、吕后老两口解决一个很大的威胁——设计诛杀韩信。

第七章

败也萧何灭韩信

一、淮阴侯韩信

刘邦问鼎中原之后，九州的格局依旧像东周列国一样，存在着大量诸侯王。

这些诸侯王有地、有人，也有钱，有些是刘邦自己家的亲属，有些则是帮助他夺取天下的功臣。

总之，刘邦为了聚拢力量，使大伙劲儿往一处使、心往一处想，死心塌地地为他拼命打江山，左右上下封了不少诸侯王。

等到刘邦正式登基之后，前后主要封了八大异姓王：燕王臧荼、后燕王卢绾、长沙王吴芮、梁王彭越、淮南王英布、赵王张耳、齐王（楚王）韩信、韩王信。

这些异姓王中，除了长沙王吴芮的结局好一些，幸免于难，剩下的七个诸侯王，最后都被扣上了各种罪名或被处死或被废除，其中战功无数，甚至功高盖主，同样也是刘邦最担心会造反的一位诸侯王自然就是韩信。

汉高祖十年（前197），阳夏侯陈豨公然叛乱谋反，举兵自立为王，刘邦亲自率兵前去讨伐。

然而，就在这个时候，有人跑到刘邦面前告发韩信，说韩信也在密谋造反，正准备与陈豨二人来个里应外合。

刘邦自从那次被韩信要赖逼着要做代理齐王之后心里就不舒服，一直看这小子不顺眼，正愁没理由，也没时间动他呢，没想到这小子还真是傻，自己反倒送上门来了。

但这时刘邦已经率大军出征了，不可能再半路返回和韩信算账，而且凡事都要讲究一个证据，不能只凭一面之词就妄下定论，因此刘邦一面继续赶路，一面命人密切监视韩信，若有任何风吹草动，便可先斩后奏。

可这不查不要紧，一查韩信还真有问题，而且这问题还不小！

此事虽是交由密探暗中查探，但发酵的速度远比任何人想象中都快。

刘邦带兵出征离开京都，坐镇京都的就剩下他老婆吕后了。

而此事没过多久就似一阵风似的传到了吕后的耳朵里。

她想召见韩信入宫，可韩信如今是整个汉朝名义上的全军大统帅，吕后担心他拥兵自重，不会乖乖听话进宫面见自己。

她虽贵为西汉王朝的国母皇娘，但毕竟还是一介女流，如何对付得了身经百战、武功超绝的韩信呢？

就在她苦思冥想之际，突然脑海里蹦出一个人，一个能够在危难时刻力挽狂澜、化腐朽为神奇的人——大管家萧何。

于是吕后便火速召见萧何入宫商议。

吕后道："老哥哥，现在皇上不在京，我一个妇道人家又拿不定主意，只有靠您了。如今出了这档子事儿，我必须得见到韩信，并且杀了他，否则将会给我汉室江山造成巨大威胁。"

萧何听完吕后的一番话背后直冒冷汗。

从整个国家利益考虑，想要杀韩信是正确的，没有任何问题，但如果韩信真死了，那牵扯其中的人员可就不止韩信一人了。牵一发而动全身就是这个道理。

——谁跟韩信关系最密切？

——是谁当初保举的韩信做全军大帅的？

那不就是萧何自己吗？

如今韩信怎么说也是一个侯爵，更是名义上西汉王朝的第一大将，如果他功高盖主，拥兵自重，对刘邦、吕后自然构成了威胁，被吕后处死也算是正常操作。

可在韩信死后，功劳最大，对刘邦、吕后能构成威胁的整个朝廷中不就剩下自己和张良了吗？

所以，现在吕后找自己帮忙一起对付韩信，实际就等于是在为日后对付自己和张良试水做准备。

因此这个时候，萧何绝不能就这么傻乎乎地做砧板上的一块五花肉，任人宰割。

不能任人宰割的意思也就是不能老老实实帮着吕后对付韩信，那样就等于害了自己。

但是为了整个西汉政权的利益考虑及新建帝国的稳固和百姓来之不易的安宁生活，萧何经过了一番思想斗争之后还是决定帮助老刘家来对付他曾经一手提拔起来的韩信。

这个时候，很明显摆在萧何面前的就只有两条路：一、帮助吕后对付韩信；二、不帮助吕后对付韩信。

如果不帮助吕后对付韩信，就等于将所有的矛盾集中在了自己身上，等到自己死后，韩信一人坐大，老刘家的人一样拿他没辙。

在这种矛盾的心理状态下，萧何最终选择了与吕后合作。

其实，韩信与刘邦之间结下梁子早就不是一天两天的事了。

除了那次刘邦被项羽围困在荥阳，向他发出了增援指示，他却派人到刘邦面前要求做"代理齐王"之外，还有另一件事也让刘邦非常气愤。

当初项羽手下有一名将领叫作钟离昧，因之前与韩信关系不错，所以在项羽兵败后就转投了韩信。

恰巧当时韩信刚到楚国。

钟离昧就顺势追到了楚国去见韩信。

刘邦得到此消息后，气得后槽牙都快咬碎了，派人去楚国拿人，可韩信怎么可能让自己的好友就这样轻易地被刘邦押走？

于是两拨人便发生了些不愉快的事情，事后虽然刘邦表面上云淡风轻，从不在韩信面前提起此事，但内心深处却一直给韩信记了一笔账。

直到汉高祖六年（前201），有人告发韩信谋反，刘邦就采纳了谋士陈平的计谋，假借召见各路诸侯开会的名义，派人下达文件通知诸侯们会议地点在楚地的陈县。

当时南方楚地有一个叫云梦泽的地方，于是刘邦对众诸侯声称要去巡视云梦泽，私下却是带着众诸侯去攻打韩信。

这整件事从头到尾韩信都没有得到一点儿风声。

他压根不知道刘邦已经向各路诸侯发去了通知，更不知道刘邦要对他下手。

等刘邦快到达楚地时，韩信才得到前线通信兵的飞鸽传书。

恍然大悟的韩信想要发兵对抗，但又觉得师出无名，何况自己根本没犯错，完全是有小人在刘邦面前传闲话，于是就想去亲自见刘邦一面，当面把话说清楚，将误会解开，但又怕刘邦根本不听自己解释，当场擒拿自己。

这时，韩信身边有聪明人出了主意，让他杀了钟离昧以此来讨好刘邦。

钟离昧知道了此事之后，大骂韩信不讲武德。

"你以为拿着我的人头去见刘邦，刘邦就会消除对你的疑心吗？告诉你，我死后，你韩信也活不长。"说罢，钟离昧悲愤交加，一时竟痛心疾首，难以自拔。

他深知事到如今自己若不死，韩信为了保全富贵也不会放过自己，与其等着别人来砍下自己的头颅，倒不如自己做个了断的好。

一念至此，无须多言，钟离昧便立刻拔出腰中佩剑当场自刎而死。

韩信见钟离昧死在自己面前，心中虽有万分自责，但也只能先放一边。

他忍痛割下了好友的头颅，带着血淋淋的人头便去陈县见了刘邦。

不料，事情的发展果然如钟离昧所说。

韩信刚一见到刘邦的面，连话都还没说一句，就被殿前武士们五花大绑捆送进了囚车之中，随大队前往洛阳城而去。

此时韩信就算后悔也已经晚了，不禁感慨地说了一句千古名言："'狡兔死，良狗烹；飞鸟尽，良弓藏；敌国破，谋臣亡。'天下已定，我固当烹。"他认定自己这回是必死无疑，刘邦必将会杀了他，不会轻饶。

但凡事都不是绝对的，总有令人意想不到的一面。

刘邦那一次偏偏没有杀他。

到了洛阳城后，刘邦很大度地免了他的罪，但将之前封他的王位剥夺，降为了侯爵，因他老家在楚地淮阴，因此改封他为"淮阴侯"，长期留在京城，没有批准不得出京。

这一系列的操作等于将韩信软禁在京城，养起来了。

韩信深知刘邦对自己怨念极深，嫉妒自己的才能，但又不能杀了自己，怕引起文武大臣们的恐慌，所以采用这种方式来折磨自己。

于是，从被软禁的那天起，韩信便隔三差五称病不参加朝会，也不轻易与外人接触，久而久之，心中的怨念便与日俱增。

看着曾经的同僚一个个混得风生水起，而自己却落得如此下场，韩信越想越觉得不公平，他时常觉得别人都在背后笑话自己的无能。

其实，这个时候，外人对他韩信的态度根本就没有什么变化，一切都是他个人的胡思乱想。

至少樊哙每次见到他时依旧毕恭毕敬，自称为"臣"，依旧称呼他为"王"。

可韩信听见樊哙对自己的称呼后不仅没有一点心暖的意思，反而自嘲地笑着说道："想不到我韩信如今沦落到要与樊哙这种人为伍的地步了。"

二、韩信的谋反计划

在韩信被软禁在京城的这段日子里，刘邦依旧和往常一样，从容地与他讨论天下大事及军事战略。

有一回，刘邦突发奇想，好奇地问韩信道："依你之见，如果不算地位和身份，单凭能力，像朕这样的人，可以统率多少兵马？"

韩信答道："假若不算地位和身份，以陛下的能力最多能统率10万人马。"

刘邦饶有兴致地看着韩信道："那你呢？你能统率多少人马？"

韩信自信地说道："我能统率千军万马。"

刘邦听到此处，不由得放声大笑，好似这一辈子都没听过如此好笑的笑话，笑得最后连眼泪都快流出来了。

他笑着反问韩信道："你既然比朕厉害，为什么最后反倒被朕擒获了呢？"

韩信很认真地说道："陛下虽不如我能带兵，但懂得控制人心，能够轻松驾驭所有文臣武将，而在这方面我不如您，这就是我最终被您擒获的原因所在。"

他接着道："陛下乃真龙天子，天命所归，不是旁人所能及的。"

听到韩信这么说，刘邦很是满意，心知自己已经将这小子拿捏住了，便在左右宫娥太监们的簇拥下心满意足地走了。

可是，刘邦万万没有想到，韩信方才只不过是在他面前演戏罢了。

在韩信的内心深处还依旧对自己的处境感到不公。

他要反击，要报复。

陈豨一直以来都是韩信的忠实粉丝。

他对韩信的敬仰犹如滔滔江水，连绵不绝；又好似黄河泛滥，一发不可收拾。

自从韩信被软禁之后就一直与他保持着密切联系。

这一日，陈豨被任命为钜鹿郡守，特地来府上向韩信告辞。

韩信一见陈豨立刻拉着他的手避开左右护卫，来到一处无人庭院中，低声对其说道："你来得真巧，我正好有事要与你说。"

陈豨毕恭毕敬地说道："一切听从将军吩咐。"

韩信说道："你所管辖的地区，是整个汉室江山精兵强将聚集之处，而刘邦又对你十分信任。假若有人告发你起兵造反，刘邦那老头子必定不会相信；但第二次告发，刘邦就会有些起疑了；等到第三次告发，他必定会勃然大怒，亲自率兵去讨伐你。如今我沦落至此，实在有些不甘心。你若肯与我联手，起兵造反，我留在京城可以做你的内应，等到事成之后，你我二人共分天下。"

陈豨笃信韩信是个有雄才大略的人，因此听到这里连想都没想，便立刻向韩信拱手说道："将军放心！属下一定不负所托！"

至此之后，两人虽处两地，但一直保持着密切联系，秘密筹划着反叛的事宜。

一转眼就已到了汉高祖十年（前197）。

经过几年的筹备与策划，韩信与陈豨觉得时机已成熟，于是陈豨便在自己镇守的郡县举兵叛乱了。

刘邦得知消息后立刻率军前去讨伐。

而韩信这个时候却依旧称病待在家里，没有与刘邦一起出征。

刘邦前脚刚一走，他马上飞鸽传书给千里之外的陈豨。

"刘邦已经出发，你尽管按先前计划行事，一切尽在掌握。"

这天夜里，韩信在家中与几位心腹家臣商议计划在京城里也来一场暴乱，好让刘邦瞻前顾后，方寸大乱。

他假传旨意，赦免了京城各官府衙门内关押的囚犯，并发动他们去夜袭皇宫，打算挟持皇后与太子。

他自认为此计天衣无缝，不料先前得罪过韩信的一名家臣将此事告知其弟，弟弟得知此事，立刻回报给了宫里的吕后。

吕后听了这消息，犹如晴天霹雳。

她不敢相信，也不敢不信，于是这才有了后面召丞相萧何入宫，商议共同对付韩信这档子事。

三、魔高一尺，道高一丈

正所谓解铃还须系铃人。

当初是萧何慧眼识珠，将韩信这匹"千里马"推举给了刘邦，这才有了后来"兵仙"韩信。

因此，对于萧何这位伯乐，韩信应该是完全信任且毫无防备的。

萧何从宫中出来回到自己家里，坐在厅堂内沉默良久。

虽天色已晚，但他连一点睡意也没有。

此时此刻，他表面上虽然平静如水，但内心却已是翻江倒海，五味杂陈。

当初是他萧何将韩信举荐给刘邦的，想不到如今要解决掉韩信性命的人竟也会是自己。

这老天还真是会开玩笑啊！

眼见窗外已现鱼肚白，萧何才缓慢地起身，开始执行这一项艰难的任务。

他命人穿成军人模样，然后悄悄地出城转一圈，再从北门回来，之后就到处传播假消息，说自己是从前线赶回来传捷报的，并在京城中大肆宣传叛乱已平息，主谋陈豨已被圣上砍头处死的消息。

在京的王公大臣们一听是从前线传回的捷报，那肯定不会假，纷纷赶到宫内与吕后一同为刘邦战胜而庆祝。

只有韩信一人没有去。

他依旧在家装病不肯出门见人。

萧何知道后，就派人去韩信府上请韩信来自己家中赴宴。

谁知，这招对韩信根本不起作用，韩信依然装病不见人。

其实这一切早就在萧何的意料之中了，所以他并不着急。

萧何收拾了一下，亲自来到韩信府中，直接进了内屋。韩信家的下人们无人敢拦萧何，只能任凭他进了内宅。

韩信一见萧何来了，再也找不到更好的理由推脱了，只能硬着头皮与萧何坐下寒暄一番。

萧何道："你我二人应当说是很贴心的了，我请你到家中做客，你拒绝，这让我有些寒心呀！"

韩信听罢，顿时语塞。

萧何继续道："如今圣上在前线打了胜仗，百官得到消息后都纷纷进宫祝贺，唯独你不去，这未免有些说不过去吧？"

他不等韩信开口，接着道："你要知道，自圣上登基以来，一直疑心重重，誓要排除异己，先后已经暗中杀掉了不少大臣，搞得满朝文武，人人自危。如今又出了陈豨叛乱这档子事儿，你再不露面，进宫去表个忠心，岂不是让圣上和皇后二人平白无故地怀疑你跟此事有关联吗？"

韩信一琢磨，萧何说得十分在理，加之萧何又是自己的伯乐，而且这些年来，萧何明里暗里也帮了自己不少，他的为人自己还是信得过的。

想通了这一点后，韩信也就不再难为情了。

于是，第二日一早，韩信出门准备进宫去面见吕后。

在他的设想中，自己见了吕后，只是解释一下自己身体抱恙，所以昨日才没有与其他大臣们一样进宫庆贺，今日身体感觉好了许多，于是一早就进宫来见吕后，吕后也必定不会太难为自己。之后再说些好话，吕后一开心，自然也就不会想到自己跟陈豨的事有任何联系。

他想得倒挺好，但有句老话叫作人算不如天算。

就在他盘算着进宫后如何与吕后对话时，萧何与吕后却早已在宫里为他布下了天罗地网，就等着他自己上钩了。

吕后为了擒住韩信，头天夜里可是一晚没合眼，今早天还蒙蒙亮时就已梳妆打扮好，摩拳擦掌地坐在凤榻上等着韩信，这一等可就是一个多时辰。

刚一过饭点儿，门外太监就传话说韩信来了。

吕后是又急又紧张，恨不得立即叫埋伏好的武士们现身拿人。

可心急吃不了热豆腐，吕后作为一国之母自然也是明白这道理的，所以即便心里再着急，这会儿也得忍住。

于是，两人见面后便是一番客套的寒暄，好似什么事也没有。

正在这时一旁的小太监奉上茶水，吕后端起茶杯准备喝茶的时候，她手中的茶杯却十分意外地掉落了。

这是摔杯为号。

杯子坠地所发出的脆响声立刻使埋伏在四周的武士纷纷现身，抽出腰间佩刀，冲着韩信张牙舞爪地一拥而上。

韩信是什么人？那可是战神项羽生前唯一的克星，是号称"兵仙"的绝世将才。

在他领导的战役中从没有败绩，而他自己本身也是个刀枪剑戟、马上步下的高手。

这样了得的人物其反应能慢得了吗？

当吕后手中的茶杯一落地时，他就已经反应过来了，并且立刻长身而起，冲着吕后就扑了过去，速度极快，犹如风驰电掣。

擒贼先擒王，这个时候首先要做的不是转身逃跑，而是拿下敌方队伍中带头的人，只有控制住了带头人，才能够控制住其余的人，否则就算你是孙猴子也逃不出佛祖的五指山，何况这地方是皇宫大内，到处都是兵卒，能往哪里跑？

可以说，韩信在这种千钧一发的紧张时刻能保持如此清醒的头脑已经很不错了，当真不愧是足智多谋的"兵仙"。

但是还是那句老话，人算不如天算。

就在韩信即将靠近吕后的同时，从吕后所坐凤榻后的屏风里突然射出两支离弦之箭，直向韩信面门而来，速度极快！

韩信见状立刻回身躲闪。

可也就在这同时，忽然有一张巨大无比的铁网自上而下掉落下来，正好将他罩在其中。

他心急之下想从铁网中挣脱，可周围的武士已经举着刀将他围困其中。

他盛怒之下，大喊大叫着，似困在笼中的猛兽一般到处乱撞。

慌乱之中，不知是谁踹了韩信一脚，使他身子顿时失去重心，当场摔倒在地。

而这时候，四下的武士立即瞅准机会，赶紧上前将他制住，动弹不得。

吕后得意的笑声传进了他的耳朵里。

当然，这还不算什么，真正使韩信如坠冰窟的是此时此刻出现在吕后身旁的人——萧何。

直到这一刻，他总算明白了，原来这一切都是萧何与吕后两人设计好的圈套，目的就是为了擒住自己。

顿时，他更加愤怒，愤怒的双眼都快喷出火了。

萧何有些不忍地看着韩信，轻声叹了一口气，道："这一切都是你咎由自取，怪不得别人。"

吕后命殿前武士将韩信手脚全部捆绑起来，之后将其抬入长乐宫的钟室中斩杀。

韩信在临死之前悲愤地喊道："我落到今日下场都是因为当初没有听从蒯通的计策，如若不然又怎么会上妇女和小人的当，这真是老天要亡我韩信啊！"

当年，萧何识得韩信乃是一名千古难寻的将才，因此不惜月下追回韩信，最终使韩信被拜封为帅，成为一代"兵仙"。

而如今，出谋划策，协助吕后诛杀韩信的竟然也是萧何，这一切如果真是上苍提前写好的剧本，那也未必太过于俗套了些。

事后，为了永除后患，吕后还命人将其三族全灭了口，一个不留。

司马迁先生在所著的《史记·淮阴侯列传》中写道："吾如淮阴，淮阴人为余言，韩信虽为布衣时，其志与众异。其母死，贫无以葬，然乃行营高敞地，令其旁可置万家。余视其母冢，良然。假令韩信学道谦让，不伐己功，不矜其能，则庶几哉，于汉家勋可以比周、召、太公之徒，后世血食矣。不务出此，而天下已集，乃谋畔逆，夷灭宗族，不亦宜乎！"

此事发生后没过几日，平息了陈豨叛乱的刘邦便回到了京城。

听说韩信被大管家萧何与吕后二人设计弄死了，一时间刘邦内心竟是五味杂陈，不知是喜是悲。

吕后道："这回多亏了有萧相国，若不是他出主意设计擒拿住了韩信，凭我一个妇道人家还真是没辙应对。"

刘邦笑道："他是我们的万能大管家，有他在，万事不用愁，哈哈哈！……"

他接着问吕后，道："韩信那臭小子临死前都说了些什么？"

吕后蹙了蹙眉头，道："他说后悔当初没有听从一个叫作'蒯通'的人出的计策。"

她好奇地反问刘邦道："这蒯通是何许人也？"

刘邦皱着眉，伸手挠了挠头，道："此人乃是齐国的说客，在齐国颇有些威望。"

从吕后那里出来后，刘邦就命人去齐国擒拿蒯通。

没过多久，这个蒯通便被带到了刘邦的面前。

刘邦沉着脸问面前的蒯通，道："是你唆使韩信谋反的？"

谁知，蒯通居然回答得干净利落，一点儿也没有狡辩："是的，是我给他出的主意。"

刘邦没想到他居然如此坦然，于是立刻叫殿前武士将蒯通拖出去，用大铜锅煮了。

蒯通一看刘邦要杀自己立刻大喊道："冤枉啊！冤枉！……"

刘邦被他给逗乐了，于是就问他道："你自己都亲口承认了，还好意思喊冤枉？"

蒯通一本正经地道："我给韩信出这主意的时候，天下还处于秦末群雄纷争的时期，那时候圣上您还没有登基，而韩信当时也没有投靠您呀！况且如今这天下想要取您性命的人大有人在，只是有胆略，又有机会接近您的人却寥寥无几，难道您就因为这，不分青红皂白，只凭自己喜好，就将天下所有人都杀光？那样跟前朝残暴的秦二世又有什么区别？"

刘邦听罢，心中暗想道："哎呀，这小子嘴皮子功夫果然厉害呀！说得头头是道，搞得我都没办法反驳。"

刘邦可不是秦二世，也不是暴君。

既然没法子反驳蒯通，也就没理由杀他了。

于是，刘邦就将蒯通给放了。

而大管家萧何因设计诛杀韩信有功，为刘邦除去了一块心病，自此之后，刘邦与吕后对他更加恩宠，刘邦为此特别给萧何封邑晋爵，加封五千户。

而萧何本人则因先慧眼识珠，向刘邦保举韩信，后又替吕后设计诛杀韩信，而被后人常用"成也萧何，败也萧何"来概括其一生。

不管是保举韩信，还是诛杀韩信，萧何的决策都是跟国家命运紧密相连的。

刘邦需要人才时，萧何为其挖掘将才；当刘邦皇位受到威胁时，萧何又为君主除去威胁。

大管家萧何一成一败之间是对刘氏王朝的尽心辅佐，也是在危难时刻对自身安全的保障。

第八章

自毀名譽以保身

一、圣眷日隆

自从萧何摆平韩信之后，刘邦非常在意萧何的安危，特别为其派了 500 人的护卫队，全天 12 个时辰，分三班倒，寸步不离地保护萧何。

如此一来，脑子灵活的人都能看得出，萧相国圣眷日隆，今后必定如日中天了，于是朝中的同僚们纷纷来府上为其送礼道贺。

萧何对此自然也是十分高兴，特意在家中大摆筵宴来招待同僚好友。

就在众人推杯换盏、喜气盈庭之际，忽然萧何家里的一位门客，穿着出殡吊丧时才会穿的衣服，垂丧着脸从外面走进了厅堂。

众人见状觉得很是奇怪但又不敢吭声，只等着萧何这位主人开口发问。

萧何皱着眉头看着面前的这位门客，沉声问道："你怎么这副打扮？"

这门客依旧丧着脸对萧何说道："自从我进您府以来，您待我如上宾，如今您大祸将至，甚至会丢了性命，我自然很伤心难过。"

萧何依旧不明白对方在说什么，怒道："我如今贵为一国的丞相，受圣上与皇后的恩宠，况且平日里做事待人一向都小心谨慎，从不敢有半点疏漏，怎么就平白无故要遭大祸了？你给我把话说清楚！"

只听这门客又道："圣上自登基以来这几年，常年征战在外，很少回到京中，而丞相您却常年留置京都，从不跟随圣上出征，而如今，圣上一回到京都就加官晋爵于您，还派了500精兵来保护您的安全，而那些跟随他出生入死的将士却一点赏赐也没有，请您想一想，这合情合理吗？"

此言一出，萧何顿时变得紧张起来，回想之前的经历，连忙向这位门客礼贤下士，拱手作揖，并问道："那依先生所见，接下来，我该如何做才能消除圣上对我的疑心？"

这门客直言不讳地说道："辞去圣上的封赏，并上交补贴军饷或直接冲拨入国库，如此一来，相信圣上必定会消除对丞相的疑心。"

这一层早在萧何与吕后联手设计诛杀韩信时他就已经想到过了。

只是当时萧何只有跟吕后合作，不然死的可能就是他自己。

在那之后，刘邦和吕后又对他加官晋爵，这才使他暂时放松了警惕。

而此刻，经这门客一说，当即犹如五雷轰顶，浑身直冒白毛汗。

他久居官场，深知这其中规矩，如今刘邦这么做显然是要找机会对自己下手了。

像萧何这样绝顶智慧的人为什么会如此在意一个门客的话？

这是因为，这位门客并不是一般人。

萧何的这位门客名叫召平，先前是秦朝时的东陵侯，也就是专门为皇家看守皇陵的官员，专门负责看守始皇帝嬴政母亲赵姬的陵寝。

只因秦亡汉初后刘邦做了天子就没再起用他，因而沦落为布衣，至此隐居家中以种瓜为乐，因种的瓜果甘甜可口，饱受追捧，故而被人称作"东陵瓜"。

后来，等到萧何随刘邦入驻关中时，得知其贤名，出于好奇，便命人找来此人并与其详谈。

在言谈中萧何惊奇地发现这召平乃一奇才，不但通晓种瓜之道，甚至上自三皇五帝，下至秦汉交替间的历史发展因果都分析得头头是道，听得萧何连连点头称赞，于是便将其招至麾下，做了一名门客。

从此之后，只要一遇到什么难以解决的事，萧何就找这位召平来商议。

次日一早，萧何连早饭都没吃就赶紧入宫去见了刘邦，辞去了刚封的官职，还表明自愿捐出钱财，冲入国库，填补军费。

刘邦一听他这么说，自然很高兴，于是将他从头到脚地夸了一遍。

过去在刘邦还没有发达的时候，萧何是他的上级领导，是他的大哥，他每做一件重大的事情都要询问萧何。

而现在，两人的地位已有了变化。

他是高高在上的真龙天子，是掌握全天下命运的王者，而萧何却只不过是他身边的一名干将，一名丞相而已。

因此，他绝不能让萧何觉得自己没有他不行，更不能让萧何有谋权篡位的可能。

他要时时刻刻压着萧何，永远让萧何活在自己的控制之下，永远老老实实做自己手里的一枚棋子。

二、功高盖主遭记恨

韩信死了没多久，刘邦彻底放下了顾虑，肆无忌惮地对之前分封的异姓王们大开杀戒。

韩信死后，第二个被刘邦杀的是梁王彭越。

刘邦不但将彭越杀了，还将彭越的尸体剁成了肉酱装在一个个精美的瓶子里，当成礼物分发给了其余几名还活着的诸侯王。

礼物送到淮南王英布手里时，英布差点没把三天前吃进去的饭也一起吐出来。

英布觉得刘邦很可怕。再这么下去，下一个死的说不定就是自己了。与其坐以待毙，不如先发制人。

于是，从这天起，英布便开始暗中谋划、部署，招兵买马，准备反叛刘邦。

就在英布为反叛一事谋划差不多的时候，他的私人情感却发生了问题，因而导致他精心布置的反叛计划不仅满盘皆输，甚至还要了他的性命。

原来，英布宠幸的一个小妾生病了，英布很是心疼，便寻得一名十里八乡的名医来为自己爱妾治病。

巧的是，英布有一名手下叫作贲赫，正好与这名医是邻居，两个人是门对门的邻居街坊。

自古以来，职场上都不缺少溜须马屁的人，而这贲赫便是其中之一。

贲赫一看自己老板要找的名医居然就是自己的邻居，这可是个千载难逢拍马屁、献殷勤的好机会，万万不能错过，于是便趁英布小妾来找名医看病的空当，擅自邀请她到家里做客喝酒。

不仅如此，贲赫还花了大价钱，买了昂贵的金银首饰送给这位小妾，为的就是希望对方能在英布面前多替自己美言几句，回头自己能被英布升个职，加个薪啥的。

可以说，贲赫在人情世故这方面做得相当完美。

只可惜，这一回，他这马屁却偏偏拍在了马腿上。

等到这位小妾拿着贲赫送的昂贵的金银首饰回到家中，在英布的面前将贲赫夸得是天上有地上无时，英布的脸却拉得跟驴脸一样长，而且越来越难看。

英布认为，自己的小妾必定已跟贲赫勾搭成奸。

想不到日防夜防，家贼难防，自己竟然会被属下给绿了，这口恶气英布怎么能忍得了？

出了小妾的房门英布就命人去擒拿贲赫。他一定要整死这小子才甘心。

不料，派去捉拿贲赫的几名兵卒不但没有完成任务却被贲赫反杀了。

贲赫知道英布不会放过自己，来不及收拾，只是随身带了些金银细软就连夜只身向京都方向逃亡。

"你既不仁，我便不义。"这就是贲赫逃走时的内心想法。

到了京城，见到刘邦，他便将英布给出卖了，说英布要举兵谋反。

刘邦一听英布准备谋反，当场火冒三丈，瞬间就从龙榻上跳了起来，吹着胡子，瞪着眼，将英布的祖宗十八代挨个骂了个遍。

这时，一旁的萧何却十分冷静。

他提醒刘邦道："不能只听贲赫的一面之词，要知道他与英布可是上下级的关系，万一是他与英布有私人恩怨想报复，因此故意说英布要造反，我们不进行调查就信了，那不是冤枉了英布吗？"

刘邦道："那依你之见，我们应该怎么做较为妥当？"

萧何道："先将这贲赫关押起来，耐心地静观其变，如果到时候英布真的造反了就将他放了封个官做做，如果英布迟迟没有造反的意思，就说明这小子在说谎，那么再将他杀了也不迟。"

刘邦点点头，觉得萧何的办法挺好，便当即按照萧何的意思，将贲赫先关押起来看管，并派出探子前往英布处侦查取证。

到了汉高祖十二年（前195）的秋天，刘邦就收到探子的汇报说英布果然要举兵造反了。

刘邦连忙将所有的武将都召集在一起，连夜开了一场紧急大会，商讨如何对付英布这个叛徒。

刘邦对众武将说道："英布这小子居然顶风作案，我这次一定要扒了他的皮，打得连他妈都不认得他！你们谁愿意与我一同去擒拿英布？"

众将一看，这立功表现的机会又来了，纷纷积极响应，气氛十分热烈。

于是，刘邦当下便挑选了几名能打能杀的武将，点齐了兵马，自己亲自披挂上阵，带领着队伍出征平叛。

这一次，他依旧将大管家萧何留在了京都，替自己处理政务，并处理给前线的兵马安排运输粮草等事务。

老话说得好，用人不疑，疑人不用。

可刘邦偏偏不是这样。

他是一边用着萧何，一边还在怀疑着萧何，时刻提防着。

每次萧何派人送粮草到前线时，刘邦总是找机会询问使者萧何留在京都的情况。

"好久没有萧丞相的消息了，他最近都在忙什么？"

而每次刘邦听到的回答都差不多。

"萧丞相一天从早忙到晚，不仅要安排前线战士们的粮草问题，还要时不时地下基层考察基层干部们的工作情况，了解市场物价等大小民生问题等事务。"

每当听到这里，刘邦总会默不作声，沉吟良久，谁也不知道他究竟在想些什么。

使者回到京都，将事情的原委和刘邦的反应说给萧何听。

萧何听罢，却也是丈二和尚摸不着头脑，猜不透刘邦此举何意，心想："该不会是刘邦还在防着我，怕我在后方挖他墙脚，篡夺了他的权吧？"

心念至此，扭头回去又找来先前的门客召平商议。

召平一听事情的原委，频频摇头，忍不住叹息道："您离被圣上抄家灭族的日子不远了。"

萧何闻言大惊失色。

召平接着说道："自从圣上起义开始您就是他最得力的助手，没有之一。这么多年来，您一直恪尽职守，兢兢业业替圣上排忧解难。入关这十余年里您更是深得民心，受万民敬仰，而在这些功绩上，圣上就远无法和您相比。可以说，现在的您已经是功高盖主了。"

萧何在听，而且听得很认真。

所以召平继续说道："一个做臣子的贡献居然超过了帝王，您觉得这能让帝王安心吗？圣上如今之所以会这样做，还是怕您有一天会篡了他的权呀！"

萧何长叹了一口气。

其实，这些事情他早已知道，只不过念在与刘邦多年交情的份上自动选择了忽视，而如今召平一语道破其中关键点，他即便再不愿相信，也不得不信了。

自古位居高位的人极少有不贪恋手中权力的，而萧何更是如此。

如果现在让他选择跟张良一样，掌握分寸，知晓何时进，何时退，逐渐从"帝者师"退居成为"帝者宾"的程度，遵循着可有可无的处世原则，他萧何是绝对做不到的。

毕竟从最初的一个秦朝地方小官一步步做到如今大汉朝的开国丞相，他付出了不少心血。

一想到这些，萧何就觉得心很累，于是忍不住地开口问道："那我应该怎么做才能让圣上彻底放心呢？"

召平说道："事到如今，您只有自毁名誉以求安稳。"

萧何道："哦？自毁名誉？"

召平道："是的。"

萧何道："你说说看，我怎么个自毁名誉？"

召平道："依在下拙见，丞相您不如以低廉的价格多买些百姓手中的田地，购买方式采用低价或赊借等恶劣手段，使百姓痛恨您，如此一来便可损毁您的好名声。"

萧何用一种很奇怪的眼神盯着召平看了很久，仿佛头一回见到他似的，许久才缓缓地说出一句话："还是你够狠、够绝，我不佩服都不行。"

召平笑了笑，道："一切只为丞相分忧……若不是圣上疑心如此之重，逼得丞相退无可退，在下也不会提出这等法子。"

三、关入大牢

英布的反叛军队来势凶猛，一时间竟无人可挡，不仅占领了荆王刘恒的地盘，还顺利渡过了淮河，逼得楚王刘交走投无路，只得逃往薛国。

连续打了几场大胜仗的英布开始沾沾自喜，认为自己会一直赢下去，直到推翻刘邦新建立的政权。

可他万万没想到，正是自己一时的骄傲，犯了大忌——骄兵必败。

等刘邦这支合法正统的政府军一到，他英布的好日子就算彻彻底底地结束了。

刘邦率领精锐的汉军将士在会甄与英布交战，击败了英布的叛军。

英布侥幸逃脱。

刘邦便命麾下将领追击英布。

汉军兵分两路，在洮水分为南北两部分，夹击英布。

英布被打得落花流水、屁滚尿流，差点就送了人头给对方，带着残兵败将一路狂逃。

汉军在鄱阳终于将英布抓获，并当场斩杀。

花开两朵，各表一枝。

刘邦带领着一支汉军部队先行返回京都长安，赶巧路过自己的老家沛县，于是便停留下来，将过去自己在老家的老朋友全部请来，大摆筵宴，饮酒叙旧。

酒过三巡后大伙便完全放飞了自我，开始载歌载舞。

刘邦这时也来了兴致，即兴吟唱了几句歌："大风起兮云飞扬，威加海内兮归故乡，安得猛士兮守四方！……"

一群孩童这时也跟着他一起唱了起来，其余众人也跟着附和，自发用双手打起了节拍。

如此场景，使得刘邦的兴致更加高昂。

他当即长身而起，一边唱着自己作词作曲的新歌，一边随着众人的拍子在宴厅中央起舞，完全忘记了自己现今是大汉的天子，全心全意沉浸其中，好不快乐！

然而，唱着唱着，跳着跳着，他不知怎么了，眼眶竟有热泪忍不住夺眶而出。

众人见状不知何故，于是向他问询。

刘邦笑着用衣袖擦去眼角的泪水，对众人感慨地说道："远游的孩子不论走多远，时时刻刻都在思念着自己出生成长的故乡……我刘某人今生能与你们各位再相见实在是一大幸事！"

他接着说道："想当初刚开始起义的时候，我是以沛县沛公的身份起事的。如今我得取了天下，始终将沛县作为我的汤沐邑，承诺世世代代永远免除家乡父老们的赋税和徭役。"

在场的父老乡亲一听刘邦这句话当场欢呼起来，纷纷上前向刘邦敬酒。

众人欢声笑语，其乐融融。

就在刘邦与老家的亲朋好友们团聚欢乐的时候，留守在京都长安的萧何却也没有闲着。

这段时间以来，萧何按照召平所出的法子摇身一变，彻彻底底成了一个令人敢怒不敢言的大"恶人"。

他不仅利用手中的权力欺行霸市，霸占了许多百姓房产，还利用"阴阳合同"的狡诈手段，强取豪夺了许多田地，搞得京城内怨声载道，人人有苦难言。

等到十一月份，刘邦回到京城长安的时候，百姓们的怨气已经达到了沸腾的程度。

这一日，刘邦带领着军队刚一进京都长安大门，就被京城的百姓成群结队当街给拦住了。

众人无论男女老幼，纷纷跪倒在地向刘邦乘坐的马车喊冤。

刘邦坐在马车里，不清楚是怎么回事，于是便打发人去问个究竟。

这不问还好，一问当真是吓一跳。

百姓将心中对萧何的怨气如竹筒倒豆子一般全抖了出来，听得刘邦的脸色是由白变成了红，又由红变成了青。

他怎么也想不到，萧何这个整天嘴上挂着"体恤民间疾苦"

与"善待百姓"的大忠臣居然也会做出这种天理不容的事情。

过去他总担心萧何这种能力比自己强，办事效率又高，深受百姓爱戴的开国功臣，有一天心存歹念会越俎代庖，篡了自己的权。如今看来，自己的这种顾虑完全是多此一举。

人毕竟是会随着时间和环境的变化而变化。

当一个人有了至高无上的权力之后，就难免会自鸣得意，胆子也会变得越来越大，之前不敢想也不敢做的事情，都会逐一地去想、逐一地去做了。

人无完人，就是这个道理。

一想通了这些，刘邦就没理由生气了。

他不但不生气，反而非常高兴。

他回到皇宫里，命人将萧何叫来，假模假样地当面质问萧何是不是做了若干件昧良心对不起百姓的事情，并冷冷笑道："你这个开国第一功臣，我大汉朝的第一宰相，还真是会'体恤民情'呀！"

他紧接着将脸一沉，并将百姓集体写的状书摔在了萧何面前，怒色道："你做的那些好事，我一回来百姓就对我说了，真是让我很意外，甚至是触目惊心啊！……想不到你萧何这浓眉大眼的货也能背着我做出这么多龌龊不堪的事情，你可真是我的好'管家'啊！"

萧何见状，立刻下跪向刘邦谢罪，并借机说道："长安地形狭长，远郊至今仍然有很多荒地，陛下可以将这些荒废已久的土地分给百姓来开垦耕种。"

刘邦一听这话当场跳着脚，对着萧何破口大骂，道："屁话！……萧何，这么多年，直到今天我才发现你的脸皮有多厚。你私下收了不少奸商的贿赂，以此来为他们在政策上开道，到处霸占老百姓的土地，现在又想打我上林苑的主意……呸！告诉你，门都没有！"

骂完之后，他也不容萧何辩驳，立刻唤进廷尉，用枷锁铁镣铐住萧何的手脚，并将其关进了大牢。

等戴着枷锁镣铐的萧何被带走后，刘邦的脸上忽然反怒为喜，捧腹大笑起来。

他当然应该高兴。

能够给萧何一个下马威，挫挫他的锐气，这才是刘邦的目的。

萧何之前锋芒毕露，太得民心，功高盖主，作为整个国家最高统治者的刘邦不得不像猛虎护食一般地防止江山易主。作为一种御人方法，刘邦对自己部下猜疑、控制，不得不多留一个心眼。

这也是千百年来，帝王们普遍迷恋的一种权谋之术，对保持政权的稳定、长治久安也不无裨益。

可这种方法也不是每回都会收到很好的效果，它必须建立在帝王对臣子十分了解的基础之上。

好比同样是对付汉朝第一功臣、第一武将的韩信，以刘邦深知人情世故、江湖险恶的经验，熟读兵书的韩信所带来的威胁在于其能发动声势浩大的兵变，一旦反叛，大汉的安稳则瞬间吉凶难测。想当年，韩信闹做"代理齐王"的事件就是一场最精彩的彩排。

要不是当时机智的张良暗示刘邦不能冲动，使韩信不能得偿所愿，何来今天刘邦坐镇天下、问鼎九州的局面？

当然，作为团队的核心领导，刘邦对属下都是非常了解的。

因此，他非常清楚，韩信是一个好名且虚荣，自命不凡的人，是一个极度自卑和极度自信结合的矛盾体。韩信性格非常敏感，所以做起事来，总是考虑太多，甚至有些婆婆妈妈，对于谋反这件事自然也就不像项羽那样有魄力。

如果他当初听从蒯通的建议，或许现在九州大地还处于三分天下的状态。

可惜的是，历史是没有"如果"这两个字的。

对于相识多年，始终辅助刘邦处理各种繁杂事务以及出谋划策的大管家萧何，刘邦应付起来就更加困难了，甚至可以说是相当棘手。

这个在刘邦还是沛县中一名游手好闲的老混混时就慧眼识珠，看出刘邦乃非池中之物，日后必定能成大器的老上司，也是最初巧使妙计，推波助澜，将刘邦送上了创业团队领头人的位子的人，不仅是刘邦一生中最大的贵人，也是刘邦最敬仰的人。

如果没有萧何在身边一直帮衬着刘邦，刘邦根本不会走到今天，也不可能有今时今日的地位。

就是因为萧何能力实在太强，人品又实在太完美，几乎已到了无懈可击、令人嫉妒的地步。

萧何的政治智慧和深谋远虑跟张良二人是不相上下的，而且非常得民心。

可萧何并不像张良那样清心寡欲，张良是个不贪恋权势，懂得知进退、明得失的人。

在萧何的观念里，走仕途，为百姓谋幸福，一直做官做到告老还乡才是人生唯一目标，也是一生中最正确的选择。

但最要命的是，在能力方面，他又甩出刘邦 N 条街，使刘邦怎么追都赶不上，只能望尘莫及。如此鹤立鸡群、锋芒毕露的萧何偏偏自甘做刘邦背后的男人，无怨无悔地扶持一个能力、智慧都不如自己的匹夫刘邦，这是为什么？

如果说，最初萧何推举刘邦做整个创业团队的领头人，是因为害怕起义失败以后，自己会受牵连，所以才会与曹参等人避其锋芒，让刘邦去做这个出头鸟，那么现在已经贵为整个大汉朝开国第一丞相，手握很大权力的他还怕什么呢？

一个能力比你强，眼界比你宽，又非常受百姓爱戴的人，怎么会一直心甘情愿地给你当下属？

这才是真正让刘邦害怕的问题。

几天后，刘邦身边一名姓王的卫士侍奉刘邦时，大胆地上前向刘邦开口问道："萧丞相究竟犯了何等大逆不道的罪行，使得陛下您如此气愤，要将他关在狱中受苦？"

刘邦瞧了瞧身旁这位姓王的卫士，却并没有厌烦的意思，随即道："你没听闻京城中的百姓对他这段时间来所做的各项恶事的怨声吗？"

姓王的卫士道："听是听到了一些传闻，不过萧丞相这么多年来……"

刘邦凝望着御花园中一朵娇艳欲滴的花朵，打断了他的话，轻声叹了一口气，说道："听说当年李斯辅佐秦始皇的时候，将所有的功绩都归功于自己的老板始皇帝，而把犯的错误都扣在了自己头上。"

姓王的卫士道："所以陛下很生气。"

刘邦从鼻子里发出"哼"的一声，接着说道："如今萧何不但私自大量收取奸商们的贿赂，霸占百姓的土地，而且还打上我上林苑的主意。他倒是会做顺水人情，拿我的地去补百姓的空缺。我一听就火了，所以将他关了起来。"

姓王的卫士道："如果是在萧丞相自己职责范围之内，又是有利于百姓的，为他们的利益向您请求，这就是他应该做的事了，陛下您怎么怀疑萧丞相是因为收受了奸商的贿赂，又想补百姓失去土地的空缺所以才向您提出这要求呢？"

刘邦扭过头，目不转睛地盯着他，眼中已有了一些怒意。

姓王的卫士却依旧自顾自地说道："况且陛下您之前许多年都在与楚军作战，之后陈豨、英布反叛时，陛下您又都率军亲征，而每回萧丞相都留守在京城，除了每日处理各项事务外，还要考虑前线将士们的粮草问题，假如萧丞相有任何坏心思，当时他只需利用手中的权力稍微做点小动作，那么陛下您的位子恐怕早就易主了。可萧丞相并没有这么做，他曾经有那么多次独揽大权的机会都可以为自己谋利，却一直恪守职责，没有去做任何越界的事，却偏偏选在现在这样一个时机贪图那么一点奸商们贿赂的钱财，您觉得可信吗？"

一个名不见经传的卫士，竟敢在九五之尊的面前说出这种话已经算是相当大胆了。

一般有眼色的人，在这种情况下都会立刻闭嘴，免得自己脑袋瓜儿搬家。

可这位姓王的卫士却貌似忘记了这一点，一直在刘邦的面前巴拉巴拉地不停发表着自己的想法。

只听他继续说道："何况秦始皇当初正是因为没有认识到自己有可能犯下的错误，最后才会失去了天下民心，李斯替他承担错误这种愚蠢的做法又哪里值得后人学习？陛下怎么会觉得萧丞相与李斯一样肤浅呢？"

当面被一个卫士这样质问，刘邦的脸色自然很不好看。

"老实说吧，你小子收了萧何多少钱？"刘邦一双眼睛死死地瞪着他，差一点就要喷出火苗了。

姓王的卫士此刻才反应过来自己先前的话语触怒了龙颜，当即跪倒在地不停地向刘邦磕头求饶。

刘邦本来是可以当场将他拖出去斩了，却偏偏出人意料地没有和他计较，而是转身就走。

当日，刘邦命人将萧何从监牢中提出带到自己面前，并且当场放了他。

萧何见状，知道这是刘邦真不准备和自己计较了，于是立刻赤脚下跪向刘邦谢罪。

看着曾经的上级如今这般狼狈地跪在自己面前，刘邦的心里也是感慨万千。

他挥了挥手道："算了，你起身吧！"

等到萧何在两名士兵的搀扶下颤巍巍地完全站起了身子，刘邦才继续对其说道："你萧何尽忠职守，为了百姓生存求朕开放皇家上林苑供大家耕种，这是一件好事，说明你心里一直有百姓。朕不答应，是朕的错，朕是商纣王那样的人，而你是忠臣比干。"

他不自觉地又开始叹息道："朕之前把你关进大牢，就是想让百姓看看，他们错怪了你，你是忠臣，而朕是昏君，朕错怪了你。"

这句话明显是在找借口，但萧何并没有在意。

刘邦一边继续说着，一边从龙椅中站起身，走到萧何的面前，道："从今往后，咱们君臣二人一起齐心协力，一同将这个咱们当初一起组建起来的新国家建设好，真真正正让它能够千秋万世地传下去，让百姓们过上自己理想中的新生活！"

说着说着，他已被自己的言语所感动，眼眶中泛起了一层泪光。

萧何竟也和他有相同的感触。

在这一刻，两个年过花甲、满头银丝的男人各自很有默契地伸出双手紧紧相握在一起，嘴唇微颤着，仿佛要说些什么，却偏偏半天连一个字也说不出。

他们已不需要再说什么了。

任何的万语千言在此时此刻都显得多余。

这一刻，他们仿佛又穿越回到了曾经在沛县起事的那段热血的峥嵘岁月里。

往日的一幕幕情景似又重现在他们眼前……真是恍如隔世。

正如后世英国维多利亚时代的著名诗人阿尔弗雷德·丁尼生在《尤利西斯》一诗中所写的那样：

如今我们已经年老力衰

再也不见当年的风采

历历往事如烟

岁月如霜

命运多蹇

常使英雄心寒气短

但豪情不减

我将不懈努力求索

战斗到永远……！

四、安度晚年，萧规曹随

公元前 195 年 6 月 1 日。

汉高祖刘邦在这一天驾鹤西去，结束了他对西汉帝国的统治，享年 62 岁。

刘邦自沛县起事反秦，在楚汉战争中取胜，最后建立统一的王朝称帝，在位总共 12 年，其中称汉王 5 年，称帝 7 年。

刘邦可以说是大器晚成的典范。

刘邦人到中年却依旧一事无成，直到沛县起义，杀了县令变成了刘沛公，领导民众组成民兵共同起义抗秦，人生才算是有了起色。

在攻破周边郡县，投靠了项梁后，刘邦步入了事业加速上升的快车道。

起初，刘邦的汉军部队与号称西楚霸王的项羽实力悬殊，因此屡战屡败，却仍屡败屡战，随后凭借着身旁大管家萧何留守后方，任劳任怨地为其解决粮草等问题以及向其推举军事奇才韩信，才使刘邦麾下的部队从气质消沉的散装部队一跃升级为战斗力 2.0 版本的神将雄兵。

此后，刘邦逐步突围，最终反败为胜，将不可一世的西楚霸王项羽逼得无路可退，不得不在乌江边上自刎而死，从此问鼎九州，将四分五裂的国家又重新统一，并在公元前 202 年登基称帝。

而此时，坐上龙椅的刘邦已经 54 岁，人生已过半，早已过了知晓天命的年纪。

在他当政期间，不断疑心身边大臣谋反，担心自己的政权不稳，更大肆在朝野上下大搞特搞"第二次革命"的政治肃清斗争，逼得许多功臣良将各个为求自保而不得不反。

刘邦驾崩之后，其子刘盈继位，却意外使得吕后手握大权，垂帘听政。

而这一时期的大管家萧何身体状况也是每况愈下，眼见自己也要日落西山，随先帝而去，因此时常告假缺席朝会。

到最后，萧何病得十分严重，整日卧床不起，饮食起居都需旁人伺候，显然已经到了弥留之际。

孝惠帝刘盈得知情况后，便立刻亲自去看望他，相互寒暄几句之后，便跳转话题，直接问道："您觉得在您百年之后，满朝文武之中，谁能接替您的位置？"

到了这种时候刘盈也不再避讳什么，想问什么就问了。

一个帝王没了，还有子嗣可以继承，可是一个丞相没了可不能由该丞相的子嗣来继承，何况文臣武将虽人数众多，但真正能扛得动丞相这杆大旗的却没几个，如果不在老丞相活着的时候选好继承者，将来有可能会造成很大的麻烦。

萧何勉强挤出一丝笑容，道："了解老臣之人莫过于陛下，陛下心中早已知道答案，又何必来问老臣这将死之人？"

刘盈道："您觉得曹参如何？"

听到曹参这名字，萧何又再次笑了笑，道："没有比他更合适的人选了，恭喜陛下选择了一位最合适的人选，老臣总算可以死而无憾了。"

这表明萧何也认同由曹参来接任自己的丞相职位。

萧何与曹参相识多年，早在秦末时期二人就是同僚，都曾在沛县任职，而且均是县令的左膀右臂。

可以说，在那段时期，萧何与曹参的关系是非常和睦的。

可近些年来，二人由于彼此官职和地位的不同，关系也渐渐疏远，甚至有点彼此不对付。

但在这样的情况之下，萧何在临终前却依旧愿意向汉惠帝刘盈推荐曹参来接任自己，这是因为萧何从始至终都在为汉室江山考虑，他知道无论是个人的能力，还是对汉室政权的忠心，曹参绝对都是最合适的人选。

在接任丞相职位之前，曹参本人正在齐国做相国。

当然，这时候的齐国并不是春秋时期的那个齐国，而是刘邦在娶妻之前与那位曹姓女子所生的私生子刘肥担任国君的齐国。

我们先不去考虑曹参与这位姓曹的女子之间有何联系，单看曹参在齐国担任相国期间将齐国上下打理得井井有条，全民不但脱贫致富奔小康，而且生活压力也小，幸福指数也高，年年人均GDP 都名列前茅。

更重要的是，当时齐王刘肥与曹参相处得也很好，很信任这位相国，二人君臣一心，自然也就其利断金了。

曹参本人可是西汉开国功臣当中少有的文武全才，他不但文能提笔安天下，武能马上定乾坤，在这种情况下，萧何不选能力突出的曹参又能选谁？

汉惠帝二年（前193），被病魔折磨许久的大管家萧何终于忍受不了身体的痛苦，撒手人寰，谥号"文终"。

萧何可谓是鞠躬尽瘁，死而后已的忠臣典范。

他将自己后半生的精力全部奉献给了西汉王朝和治下的百姓。

他为了汉军能平定天下，不惜礼贤下士，月下追韩信，后又为了汉室江山的稳固而与吕后联手设计诛灭韩信，可见其对汉室的一片忠心。

他始终将江山稳固，天下太平，百姓能安居乐业作为自己毕生的志愿。

他对韩信的举措其实都是从汉朝江山出发的，因此不能单凭这一点就认为他是怕得罪皇权，为了保全自己而做出的选择。

同样，正是因为他对汉室的忠心，为了江山的稳固，所以导致了他最终选择了与吕后联手设计诛灭韩信。

临死前，举贤不避仇，同意让曹参来接替自己的职位，也表明他以国家社稷为先的非凡气度。

当然，这其中还包括了他辅佐有道，治国有方，体恤百姓，个人生活简朴等这里就不一一赘述了。

当头发花白、满脸皱纹的曹参在得知萧何撒手人寰的消息后并没有任何反应，只是一个人安静地坐在书房，直到天明也水米未进，仿佛是在用这种方式为老友默哀送行。

人老了总是喜欢回忆过去的事。

曹参想起了自己与萧何的很多往事，想起了最初两人一起在沛县衙门里当差的时光，一起喝酒，议论天下大事的情景……

那时候真的很美好，可惜光阴似箭，似乎还是昨天发生的事，一转眼的工夫就过去了这么多年了。

如今，他甚至都想不起来自己与萧何之间究竟是因为什么而闹了矛盾，从此渐行渐远。

真是应了那句话，本来无一物，何处惹尘埃。

萧何的后人大多因犯下重罪而被天子剥夺封号。

但每当断绝继承人时，天子总会找各种理由再次封赏其后人。

纵观整个西汉两百多年的历史，没有人能和萧何的后人一样享受这种特殊待遇。

萧何生前购置的田产以及房屋全部选在远离闹市区的偏远地带，以此来告诫后代"勤俭持家，谦恭受益多"。

司马迁在《史记·世家·萧相国世家》中对其做出的评价是："萧相国何于秦时为刀笔吏，录录未有奇节。及汉兴，依日月之末光，何谨守管钥，因民之疾奉秦法，顺流与之更始。淮阴、黥布等皆以诛灭，而何之勋烂焉。位冠髃臣，声施后世，与闳夭、散宜生等争烈矣。"

从这句话中我们不难看出，无论是萧何个人的人格魅力，还是其所做出的卓越贡献，对于后世的我们影响都非常深远，值得后人敬仰并学习。

曹参入朝任丞相后，并没有大刀阔斧地改革，而是继续按照萧何之前制定好的规则及律法来协助汉惠帝治理国家。

他任职期间，不断从其他诸侯国挑选品德高尚但不善言辞的人来京城做官，而将那些整天只会溜须拍马、阳奉阴违的人一个个劝退，或贬官降级。

曹参是个宽宏大度的人，从不会因小事而跟人斤斤计较，所以在他担任丞相时，丞相府平安无事，所有官员之间关系融洽，从没有明争暗斗、钩心斗角的事发生。

汉惠帝五年（前190）八月，曹参在做了丞相三年后去世，被谥为"懿侯"。

他在位期间，最大的功绩莫过于继续遵循着萧何生前指定的清静无为的路线辅佐帝王治理国政，没有做任何改变，才使百姓继萧何之后，也同样念着他的好，"萧规曹随"这四个字因而也成为两千多年以来中国历史上的一段佳话，流传至今。

附 录

萧何年谱

秦二世元年（前209），秦末农民起义爆发，萧何与曹参二人劝谏沛县县令也举旗反秦，却不料县令事后反悔，将刘邦的妻儿老小全部抓了起来，还准备捉拿萧何与曹参二人。从芒砀山返回的刘邦得知此事后，将一封信送入城中，鼓动城中百姓杀了县令。随后在萧何运用"占卜之术"的操作下，众人推举刘邦做沛公，扛起大旗，带领群众反秦。

秦二世三年（前207），刘邦带领部队进入咸阳城皇宫大肆抢夺财物及美女宫娥。唯有萧何不贪恋财宝美女，只对秦朝遗留下来的文书典籍感兴趣，并命人将其整理装车全部带走，留待日后查用，此举为日后西汉建立制定新律法，及对外发兵均起到了可靠依据。

汉王元年（前206），萧何礼贤下士，月下追韩信，并将其推举给刘邦，刘邦拜韩信为将帅。

汉王元年（前206）八月，刘邦率军出征，命萧何镇守后方。萧何安抚百姓，恢复生产，重新建立汉的统治秩序和统治机构，免除百姓劳役，修建宫廷、县城等，全力收拾关中的残破局面，因而深受百姓爱戴。刘邦对此有了猜疑，多次派人从前线赶回京城来试探。萧何为了消除刘邦的猜疑，特意将自己的子孙弟兄送到刘邦身边相伴左右，这才使得刘邦暂时放下戒备之心。

汉高祖五年（前202年）二月初三，刘邦称帝，论功行赏群臣时萧何功劳排第一，被称为"开国第一侯"，食邑万户。

汉高祖八年（前199），未央宫竣工，从此西汉建都于长安，历时两百余年风雨，萧何成为该皇城宫殿最早的规划者和设计者。

汉高祖十年（前197），韩信与陈豨勾结谋反被人告发，萧何与吕后联手设计擒杀韩信。

汉高祖十二年（前195），刘邦率军亲征讨伐叛军，留萧何在京都处理政务，却始终担心其有二心，屡次派人前来试探。萧何为了彻底消除刘邦对自己的疑心，不惜自毁名誉，做了许多欺压百姓的事。待刘邦返京听闻百姓的怨言后便借故将萧何降罪关押，后又找借口将年迈的萧何释放，官复原职。

汉惠帝二年（前193），萧何逝去，临终前向汉惠帝推荐曹参接替自己为丞相。

后 记

一

人们常说"读古看今，以史为鉴"，笔者认为，这句话是很有道理的。

毕竟，人生在世数十载，总难免会遇到一些令人头疼的事，在走进"死胡同"无法自拔的时候，回头多看看当历史上出现类似的事情时，古人是如何解决的。

也许有人会说：时代在变，环境也在变，人们的思想以及处理事物的方式都在变，过去人的经验未必能解决当下所遇到的问题。

对于这样的观点，笔者并不想反驳，因为这句话说得也并没有错。

但是，有这样观点的人却疏漏了一点，非常关键的一点——人性。

时代在变，环境在变，人们思考解决问题的方式也在变，但唯一没有变的是人性。

不管是过去的封建时代，还是当下我们身处的这个时代，人与人之间的情感没有变，彼此之间的爱恨情仇也没有变。

只要人类还存在，人性就是永恒不变的。

因此，"读古看今"虽然不能完全解决当下的问题，却有助于我们更深地了解人性，了解我们自己以及周围的人。

当我们了解了人性中的优点与缺点之后，处理起事情自然也就会游刃有余。

唯有这样才能达到"以史为鉴"的真正目的。

二

萧何是"汉初三杰"之一，也是刘邦一生中的伯乐兼向导，是汉朝的开国第一丞相，若没有他，刘邦的发家史以及整个汉朝历史可能会被改写。

不但如此，萧何同样也是刘邦的经纪人。"星探"萧何独具慧眼挖掘了当时的草根刘邦，并帮他包装树立人设，从而一步步将他推向政治舞台。可以说，萧何打造了刘邦这位开国皇帝，同时也使自己成为西汉开国第一相。

历史上的萧何自从与刘邦等人一起抗秦以来，就在为了一个最终的目标——建立一个美好的新世界而奋斗。

在汉政权建立之后，他更加坚定了这种信念，并一直不停向前。

他在能力方面跟同一个阵营中的张良不分高下。

他善于治理，安抚百姓，镇守后方，运筹粮草，成为前期刘邦在与项羽的博弈中屡战屡败，却仍然能屡败屡战的关键因素。

因而刘邦在坐稳江山之后，论功行赏时萧何排首功，开国第一侯，第一丞相。萧何也因此名声在外，深受百姓的拥戴，"月下追韩信"的典故到如今仍然被大众所津津乐道。

到了后期，由于刘邦长年带兵在外征战，无暇顾及政务，全由萧何一人坐镇后方，大包大揽处理国家事务，因而萧何深知民间百姓疾苦，处处为百姓着想，使得其声望在民众间更是水涨船高。

所以用"大管家"这三个字来形容萧何对刘邦以及整个汉朝全心全意的付出，一点也不为过。

这样的结果却遭到了刘邦的猜疑与嫉妒，他担心萧何会有二心，会找机会篡自己的权，取而代之。

因此在后期，刘邦对萧何采取了一系列的打压和制约动作。

而这时候，萧何也逐渐明白了一个道理：比起贪赃枉法、奴役百姓，帝王更担心的是身边的臣子们是否对自己有二心。

为了消除刘邦对自己的猜疑，萧何不得不采取极端的做法自污声名，以释君疑，故意做了一些欺压百姓、贪赃枉法的事。

故此，笔者认为，萧何这个人是属于胸虽有鸿鹄大志，却没有任何"野心"；处事谨慎，却在关键时刻不愿意出头；贪位贪权，明哲保身，私德高尚却难以聚众的人。

这些问题，都令他只能成为帝王身后那个勤勤恳恳、督事理事的"大管家"，而非一呼百应、摇旗聚众的英雄。

他并不能像张良那般，知进退，明得失，从"帝王师"逐渐退居二位，变成"帝王客"，从此过着闲云野鹤的生活。

当然，这可能也跟两人的家庭背景有一定关系。

萧何出生在平民家庭，祖上也不是什么王公贵族，在那个时代，像萧何这样的人就属于三无人员。

所以这样一个没有背景、没有靠山的平民家庭出身的人在踏上仕途后，会比一般有背景、有靠山的人更加珍惜所得到的一切。

而张良则不同。

张良祖上是韩国丞相，世代为韩国贵族，此外张良本人也与萧何一样有着大局观，同样也通晓人事制度、继承人制度等传统礼教方面的学问。

下邑奇谋，画箸阻封，在鸿门宴上见机行事，帮助刘邦脱离险境；在继承人问题方面，刘邦想选宠妃戚夫人的儿子刘如意为太子，而张良则选择与吕后站在一队，为其死心塌地，竭尽所能地协助，最后潇洒地挥一挥衣袖，功成而退，不带走一片云彩，似仙人一般，只有传说永留于世。

所以相比之下，萧何需要"老板"刘邦对自己的业绩认可，同僚对自己的能力赞许，心中"星辰大海"这一远大抱负得以达成，百姓心中自然会有杆秤，会念自己的好就够了。

这些特质直到今天仍然会在很多人身上体现。

尽管如此，但也无可厚非，毕竟人无完人。

因而，当我们抛开以上所述的那些由于性格所导致的缺点后，纵观萧何这个历史人物的一生，会发现他从一个沛县的小官吏，到与刘邦、曹参、樊哙、夏侯婴等人一起起事反秦，再从楚汉战争，到最后西汉王朝开国的第一宰相、第一功臣，这一切，始终无愧于他的"忠"与"良"，也无愧于后世人们给予他"汉初三杰""西汉开国第一贤相"等称号。

他对刘邦以及西汉政权的稳固付出了全部心血，忠心不贰，始终如一，值得今天每个年龄段的朋友们深思学习，以史为鉴。